「イタリアの最も美しい村」全踏破の旅

I Borghi più belli d'Italia

吉村和敏

Kazutoshi Yoshimura

イタリアの
最も美しい輝きを求めて

1982年にフランスのコロンジュ・ラ・ルージュの村長の呼びかけによってはじまった「最も美しい村」の加盟制度は、フランスを皮切りにベルギー、カナダ、イタリア、日本と国境を越えた広がりを見せている。全世界の加盟したすべての村を訪れて写真を撮る、という壮大なプロジェクトをスタートさせた私は、まずは4年半かけて「フランスの最も美しい村」の旅を行い、全踏破を成し遂げることに成功した。

次に、「イタリアの最も美しい村」の旅に取りかかろうとしたのだが、リストを見て驚いた。何とイタリアには230を超える村の登録があったからだ。フランスのように全村を訪れるのは無理かもしれない……と、さすがにそのときは及び腰になった。

でも、リストを見れば見るほど、何年かかってもいい、すべての村を訪れ写真を撮ってみたい、という想いが強くなっていった。イタリアといえば、ローマ、ミラノ、ヴェネツィアなどの街ばかりが注目され、地方の町や村は霞んでいる。まして小さな村ともなれば、多くの日本人が知らないし、その存在を意識することもない。だからこそ面白いと思ったのだ。村を巡ることによって、イタリアをより深く知ることができるような気がした。

2010年6月、私はイタリア、ミラノへと旅立った。空港でレンタカーを借り、村のリストと詳細な道路地図を頼りに、まずは北部に点在する村々を訪れた。どの村も統一感ある美しい景観をもち、人々の暮らしは素朴だった。しかしそのいくつかの村は、深い山

間や離れ小島にあったので、行き着くまでにかなりの時間がかかる。加えて、10以上の集落に分かれている村もあり、全体像をとらえるのは大変だった。

翌年から、夏と秋に長期でイタリアに入り、一日1村を目標に、焦らずにゆっくりと旅を進めていくことにした。中部、南部と村巡りを続け、シチリア島とサルデーニャ島も隈無く回った。そして4年後の2014年6月、ついに234村すべてを旅することに成功したのだ。

各州のどの村にも、深い歴史と文化があった。教会ひとつにしても、ロマネスク、ゴシック、ロンバルディア、ビザンチン、ノルマンと建築様式が異なり、当時の時代背景と芸術を今に伝えている。リストランテがあると積極的に入り、地元の食材を使った伝統料理を食べてみたが、フェットゥチーネ、ラヴィオローネ、ニョッキなど、その味が一生思い出に残るであろう美味しいパスタとたくさん出会うことができた。

でも私が何より心打たれたのは、地元の人たちの、村に対する想いの強さだった。歴史を積み重ねてきた建造物を頑なに守り、村人同士のつながりを大切にしながら、辺境の地で、心豊かに、誇りをもって暮らしている。石畳の急な坂道を毎日ゆっくりと上り下りするお婆さん、聖堂の外壁を修繕する男たち、地元の食材を使って料理を作るシェフ、路地を元気に駆け抜ける子供たち……、そんな生き生きとした村人と出会うたびに、片田舎に潜むこの国の真の魅力に気づくのだった。

5年に亘る長い旅の成果を、一冊の作品集として発表する。門を潜って村に入り、石畳の路地を歩いて行く……。私が、見て、感じて、味わったすべてを、ロードムービーのように表現してみた。

今日本では、特に地方にある村の人口減少に歯止めがかからず、多くの集落の維持、存続が危ぶまれている。イタリアの「最も美しい村」の一例が、この国の地方再生のヒントになってくれることを願ってやまない。

長い旅にずっとエールを送り続けてくださった「イタリアの最も美しい村」協会のフィオレッロ・プリミ会長、ニキシータ文化協会の中澤昭憲さん、長谷川恵美さん、そして村の中で出会ったたくさんの村人たちに、心より感謝いたします。

「イタリアの最も美しい村」
I Borghi più belli d'Italia

2001年、「イタリアの最も美しい村」協会が設立され、村の加盟制度が発足した。歴史的建造物の保全と修復、ツーリズム産業による地域活性化などを柱に成長を遂げ、2014年6月現在、234村が加盟している。条件としては、人口は自治体で1万5000人以下、中心部で2000人以下であること、遠くから見て美しい集合景観をもっていること、教会や城壁など12〜15世紀の建造物が残されていること、伝統料理（パスタ、ワインなど）や伝統産物（陶器、織物など）が受け継がれていることなどがある。自治体や村から申請があると、ローマの協会本部からの現地調査と厳密な審査が行われ、加盟の合否が決まる。なお、再審査で基準を満たさない村は除名されることもある。加盟した村はロゴマークの使用が認められるので、どの村も入り口に掲げ、旅行者を村へと導く案内板として使っている。

「イタリアの最も美しい村」URL
http://www.borghitalia.it/ （イタリア語、英語）

※「イタリアの最も美しい村」の加盟審査は毎月のように行われている。『「イタリアの最も美しい村」全踏破の旅』の編集作業をはじめた2014年6月現在の加盟数は234村。本書では、すべての村を紹介し、写真家・吉村和敏の全踏破とした。

「世界で最も美しい村」連合

1982年に「フランスの最も美しい村」が、地方の村の保全と活性化を目指して設立された。その後、1994年に「ベルギー（ワロン地方）の最も美しい村」、1998年に「カナダ（ケベック州）の最も美しい村」、2001年に「イタリアの最も美しい村」、2005年に「日本で最も美しい村」が発足した。2003年、フランス、ベルギー、イタリアにより設立された「世界で最も美しい村」連合は、2010年に日本、2012年にはカナダも加盟し、同年、5ヵ国で世界連合協定書にサイン、フランスで法人登記された。スペイン、ルーマニア、ドイツ（ザクセン）、韓国でも世界連合加盟の準備を進めている。

イタリアの最も美しい村
―歴史を生きる―

このたび、吉村和敏氏の『「イタリアの最も美しい村」全踏破の旅』が出版されることを非常に嬉しく思います。初めて日本でお会いした時から5年もの時をかけて230を超える村々を撮影した吉村氏の努力と忍耐には驚かされます。この本の出版を機に、イタリアの美しい村々をさらに日本の皆さんに知っていただければ光栄です。
「イタリアの最も美しい村」協会は2001年にイタリアの小さな自治体を保護、評価し、プロモーションしていくために、首長のグループが創りあげたものです。
イタリアでは、1万5000人以下の住民をもつ240余りの自治体が、イタリアの数世紀にも及ぶ歴史・文化・芸術・伝統を体現する村として選ばれています。
小さな自治体のネットワークは持続可能なツーリズムの重要なモデルとなりました。なぜなら、「ボルゴ(村)」に住む人々の生活の質を上げていくこと、またおもてなしのできる場所であることこそが目標とされているからです。
「ボルゴ」とは何でしょうか？　城の周りや城内に造られた家の集まりであり、広場というものが生まれた場所でもあります。
ボルゴの美しさは、細い道や広場、そして家々の台所から漂うにおい、そして住民たちが誇りにしている生活自体にあります。
ボルゴはただの場所ではありません。そこに住む人々の生き方、考え方の表出なのです。芸術、味、景観、美しさ、真心、そしておもてなしの心が生き、他にはない生活を経験できるのです。
日本の皆さんを美しい村でお待ちしております。

「イタリアの最も美しい村」協会　会長
フィオレッロ・プリミ
Fiorello primi

「イタリアの最も美しい村」全踏破の旅　目次

中部

南部

Abruzzo
アブルッツォ州パチェントロ(P304)
Pacentro

Sicilia Gangi

シチリア州ガンジ

(P412)

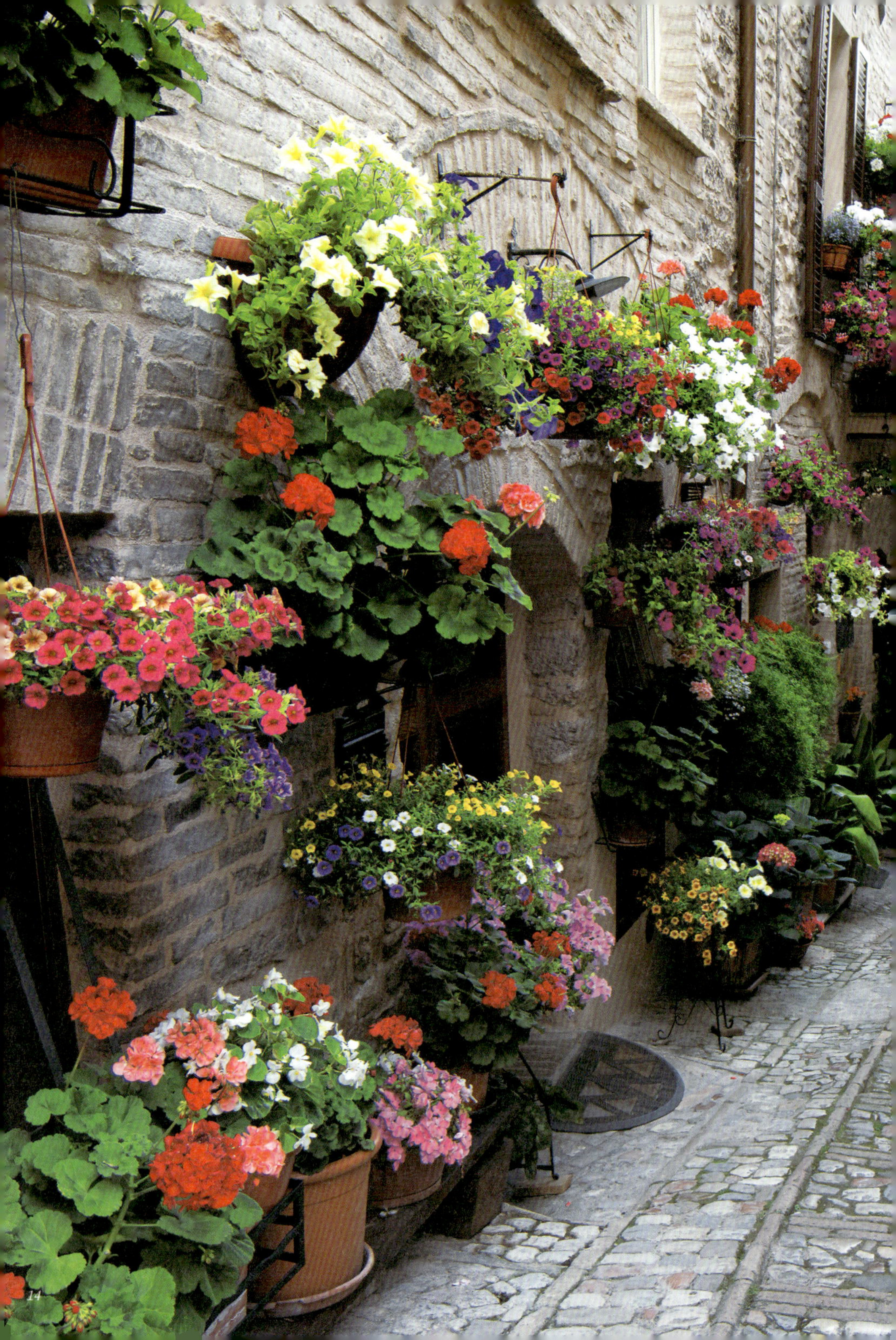

Umbria Spello
ウンブリア州スペッロ
(P264)

Piemonte
ピエモンテ州ネイヴェ(P.440)
Neive

Friuli Venezia Giulia
フリウリ・ヴェネツィア・ジューリア州ポルチェニーゴ
(P152)
Polcenigo

Liguria
Apricale
リグーリア州アプリカーレ (P56)

Liguria Vernazza
リグーリア州ヴェルナッツァ
(P82)

Abruzzo
アブルッツォ州スカンノ(P326)
Scanno

Puglia
Locorotondo
プーリア州ロコロトンド(P354)

Basilicata
Castelmezzano
バジリカータ州カステルメッツァーノ(P374)

Sardegna
Castelsardo
サルデーニャ州カステルサルド(P428)

Valle d'Aosta

ヴァッレ・ダオスタ州

北部

ヴァッレ・ダオスタ州

Valle d'Aosta

エトローブル
Etroubles

渓谷に架かる橋を渡ってたどり着く、花があふれる村

グラン・サン・ベルナルド渓谷にある小さな村には、今でも細い路地や新鮮な水が湧き上がる給水場があり、家々の窓は花であふれている。また、他の村とつながる重要な道でもあった長さ300m、高さ60mの橋が、大自然の中にある村の美しさを際立たせている。歴史的遺産も多く、15～16世紀に建てられた礼拝堂が修復され残っている。また、この地方で最古の乳製品工場は博物館として公開されており、興味深い。

MAP P31, P438-A-2

スイスへと続く27号線を登って行くと、突然村が現れた。数軒のホテルがあることから推測すると、この村は峠越え前後の休息地として栄えてきたのかもしれない。村の入り口には彫刻家シーロ・ヴィエリン(1959～)の木像があり、そこから石畳の道が集落へ向かって延びていた。石造りの黒っぽい建物が立ち並んでいるが、いたる所に花が飾られているので、村全体がとても明るく感じる。教区教会(p36)は内部を見学することができた。裏通りを歩いていたら美しい旋律が聞こえてきた。ある民家の庭先にアコーディオンを弾く青年がいて、彼は手を動かしたまま挨拶してくれた。

Piemonte

ピエモンテ州

ピエモンテ州
Piemonte

キアナーレ
Chianale

赤い屋根の石造りの家々が並ぶ、峡谷奥深くにある村

標高1800m、フランスとの国境にあるキアナーレは、ヴァライータ峡谷の奥深くにある村である。赤い屋根の石造りの家々が中世のたたずまいを残している。村の建築遺産は貧しい生活をしのばせるものであるが、峡谷の厳しい冬を過ごすための農民の工夫を見て取れる。村の周囲には、ローマの詩人ウェルギリウスの詩にも登場するハイマツの森が825万㎡にもわたり広がっている。

MAP P37, P438-A-3

山間にひっそりと隠れるようにしてある小さな村だった。山肌を滑り下りてくる秋の風は冷たく、思わず身震いする。村を切り裂くように一本の川が流れ、軽やかな水音が村の隅々まで響き渡っていた。石橋の近くにあった1459年に建てられたサン・アントニオ教会（左上）に心が奪われたが、扉には鍵が掛かっており中には入れなかった。周辺の山の斜面は緑豊かな牧草地で、ちょうど農夫が山羊の群れを移動させていた。

ピエモンテ州

Piemonte

ガレッシオ

Garessio

たくさんの巡礼者が訪れる、奇跡の祈禱堂が残る村

村の中世の建物が残っている地区は「ボルゴ・マッジョーレ」と呼ばれて大切に保存されている。その風光明媚さから有名な作家のゴッツァーノ、カルヴィーノ、グアレスキらがガレッシオをたびたび訪れた。村から2kmのところにある「ヴァルソルダの聖地」は1400年代にペストの終焉に感謝して建てられた祈禱堂だが、1653年に目が見えず耳も聞こえない少女が完治する奇跡が起こったことから、今でもたくさんの巡礼者が訪れる。

MAP P37, P438-B-4

村に入る手前に洒落たイラストマップがあった。全体像を把握してから村歩きをはじめる。３階建ての建物が連なる表通りには村人たちが歩いていたが、裏通りに入ると誰もいなくなった。ある建物の壁(中下)に視線が奪われる。目を凝らして見ると、5つの窓だけが本物で、あとは精巧に描かれただまし絵だった。村の外れにそびえたつサンタ・マリア・ヴェルジネ・アッスンタ教区教会(右)の扉を開け中に入ってみる。フレスコ画と彫刻が響き合うダイナミックな空間に心が打たれた。

ピエモンテ州
Piemonte

ネイヴェ
Neive

バルバレスコ・ワインと歴史的な建物を楽しめる村

ワインで有名なランゲ地方にあるネイヴェでは、バルバレスコ・ワインとサラミ、トリュフ料理を楽しめる。丘の上にある村の歴史的な部分は、城壁をぐるりと取り囲んでおり、赤い屋根の家々が重なるように建っている。1700年代のカステルボルゴ伯爵の屋敷は、今ではワイナリーとなり、入り口にある立派な庭やその時代の調度品が美しい。その他、1224年に建てられた時計塔や10世紀の修道院の塔、サン・ロッコ礼拝堂なども見どころである。

MAP P37, P438-B-3

村はブドウ畑が連なる丘の高台にあった。3つの教会の尖塔がそびえたつ村の全景は美しく、訪れる前から旅人に期待感を抱かせてくれる。村の中の道はサークル状になっており、30分ほどで一周することができた。ワインショップに入ってみると、地元産のワインが壁を埋め尽くし、天井からたくさんのサラミがぶら下がっていた。所々に歴史的建造物がある。建物の横に案内板があり、イタリア語、英語、フランス語で歴史が書かれていた。この美しい村に一泊したくなったので、ホテルを見つけるたびに空き部屋を尋ねてみたが、どこも満室だった。秋の季節、予約なしでは難しいらしい。

ピエモンテ州
Piemonte

オルタ・サン・ジュリオ
Orta San Giulio

観光名所、実は歴史に磨かれ、豊かな景観に恵まれた村

ミラノの北約100㎞のオルタ湖東の半島部に位置する。伝説ではドラゴンと戦ったジュリオとジュリアーノ兄弟がこの周辺の守護聖人となり、村の名前となった。豊かな歴史に磨かれた美しい街並みと景観をもち、1600～1700年代の貴族の館や1800年代のネオ・クラッシック調の家々が並び、庭には花が咲き誇る。周辺のマッジョーレ湖の町々と並び、ミラノから気軽に足を伸ばせる観光名所となっている。オルタのサクロモンテ（聖なる山）は2003年に世界遺産に登録されている。

MAP P37, P438-B-2

湖の畔に広がる大きな村。観光客が多く訪れるのだろう、目抜き通りにはパスタ、バッグ、絵画、石鹸などを売る店が連なり、リストランテは賑わっていた。美しい石畳の坂道の先には1485年に建てられたサンタ・マリア・ヴェルジネ・アッスンタ教区教会（p44）があり、堂内を見学することができた。広場の一角に小さな船着き場があり、船頭たちが暇そうに雑談をしていた。4ユーロを払ってボートに乗り、オルタ湖の中にあるサン・ジュリオ島（p45）に渡ってみる。修道院の周りには素朴な石造りの建物が立ち並び、小径が延びていた。10分ほどで一周することができたが、ここに住んでいる人が本当にいるのかと疑うほど、島内（p43上）はひっそりとしていた。

Anteo
San Giulio

ピエモンテ州

Piemonte

リチェット・ディ・カンデーロ
Ricetto di Candelo

歴史を語る城壁と、サバンナのような自然が同居する村

ビエッラ市の東の小高い丘に位置し、四方を城壁に囲まれている。この城壁は過去の戦いのたびに村民を守る大きな役目を負ってきた。周囲470m、面積1万3000㎡の村には200もの家々が立ち並び、往年の村民の生活を連想させるせいか、近年多くの映画やテレビドラマの舞台として使われている。さらに、村のバラッジャ自然保護地区は、サバンナに似た様相を呈し、興味深い植物相が観察できる。

MAP P37, P438-B-2

背の高いどっしりとした造りの門(p47 右上)を潜り村の中に入ると、石造りの建物が整然と連なっていた。車が規制されているからだろう、中世の世界に迷い込んだような不思議な感覚を味わう。壁の隙間に巣がたくさんあるのか、四方から鳩の鳴き声が聞こえてくる。足裏に石の凹凸を感じながら村内を歩いて行くと、土産物店とリストランテを見つけたが、どちらも閉まっていた。一軒のアーティストショップの前では、おじさんが電動鋸で木材をカットし作品作りに没頭していた。イタリアの歴史を肌で感じ取ることができる魅力的な村なのに、一人の観光客とも出会わない。30分ほどで、すべての道を歩くことができた。

Arte

ピエモンテ州
Piemonte

ウッセアウズ
Usseaux

自然公園、独特な植生、そして美味しいパンを楽しめる村

キソーネ渓谷に位置するウッセアウズは、2つの自然公園に囲まれ、ピエモンテ州の高山地方に特有の植生が見られる。1万4000年前まで遡ることができるほど古くから人類が住んでいたこの地は、かつてフランスの支配下にあったこともあり、さまざまな宗教や民族が共存するようになった場所でもある。美味しいパンが有名で、お祭りの際には昔から使われている水車小屋で粉を碾き、村の公共かまどでパンを焼く。

MAP P37, P438-A-3

フランスとの国境近く、標高約1000mの山並みが連なる山岳地帯だったが、山肌に樹木が少ないので開放感があった。村を歩きはじめると、畑仕事をしていたおばさんが「おはよう」と声を掛けてくれる。建物の壁にはたくさんの絵画が飾られていた。どの絵も優しいタッチで、村での暮らしの様子、ポートレート、村付近に生息する動物などが描かれている。特に、小さな広場にある昔の農作業の様子を描いた7枚の絵画(p49右上)に引き込まれた。鳥の鳴き声だけが響き渡る静かな村だ。100年前は1000人を超える人々が暮らしていたが、今は200人に満たないという。

ピエモンテ州
Piemonte

オスターナ
Ostana

独特な言語が残る高山に囲まれた村は、有名な羊の放牧地

イタリアで最も長いポー川の水源近いオスターナの村は、中世から夏の羊の放牧地として知られていた。フランス国境にそびえたつ標高3841mのモンヴィーゾ山の懐に抱かれた美しいこの村では、「オッチターナ」というアルプス地方の独特な言語を話す。1921年には1187人の住民がいたが、人口流出が続き現在は80人を数えるほどになった。しかし伝統を守ろうとする住民の意志は強く、ミュージアムの建設や村の伝統的建築物の保存に努めている。

MAP P37, P438-A-3

地図で確認すると、山の中に4つの集落があることがわかった。最初に訪れたオスターナ村には小さな案内所があり、女性スタッフがいた。彼女は「訪れる旅人は本当に久しぶりだわ」と言いながら、この地区の詳細な地図をくれた。その後、車で細い山道を走ってサンタントニオ村、ベルナルディ村と巡っていく。どの村も、教会を中心に素朴な造りの民家が寄り添うように建っているだけだった。散歩をしていたお爺さんが声を掛けてくる。日本人がこの村を訪れたことに随分と驚いていた。

とても小さな村だった。案内板がなければ気づかず通り過ぎていただろう。細い石畳の道を歩いて行くと広場に出た。淡いクリーム色の2つの教会が寄り添うように建ち、夕陽に照らされている。この村を訪れる旅人は珍しいのか、ある民家の窓からスピッツが闖入者に向かって激しく吠えていた。村人とは出会わない。建物が途切れた所で折り返し、同じ道を歩いて村の入り口に戻る。高台にある見晴らし台は眺めがよく、周辺の丘陵や山並みを一望できた。近くに鉄道駅があることを知った。

ピエモンテ州
Piemonte

モンバルドーネ
Mombaldone

12世紀の城壁に囲まれた、中世の街並みが残る村

トリュフで有名なアルバの村の南東約20kmに位置するモンバルドーネ。1200年代に村はデルカレット家の所有となり、城が補強された。城の周囲には井戸や新しい9軒の民家などが建築され、今見られる村の原型ができた。1637年にはスペイン軍が城を占拠しようとしたため戦いとなり、城は崩壊したが、現在でも村には中世の街並みが残り、村を取り囲む12世紀に造られた城壁も見られる。

MAP P37, P438-B-3

ピエモンテ州
Piemonte

ヴォルペード
Volpedo

往年の姿を残した2つの広場と、画家のアトリエを楽しめる村

村は時代を経るにしたがって改造されてしまったが、マラスピーナ広場とヴォルペード広場には今でも村の特徴が残されている。トッラリオ通りに並ぶ家々には、装飾されていない石がそのまま使われており、古い壁も見ることができる。19世紀末に活躍したこの村出身の画家ペリッツァ・ダ・ヴォルペードのアトリエも残っている。画家を育んだ村の風景とともに作品を鑑賞するのも楽しい。

MAP P37, P438-B-3

画家ジュゼッペ・ペリッツァ・ダ・ヴォルペード(1868~1907)の複製画が村のいたる所に展示してあった。代表作「第四階級」(p53中)は村の中央に飾られている。労働者の覚醒を見事に描いたこの力強い作品に圧倒された(オリジナルはミラノの1900年代美術館にある)。住宅街の一角に彼のアトリエ(p53右上)があった。この日はクローズしていたが、たまたま小学生の団体が来て、先生が「あなたもどうぞ」と言って、特別に旅人を中に入れてくれた。やわらかな自然光が差し込む素晴らしい空間で、両親と妻を描いた大きな肖像画に心打たれた。

LA PIAZZA DI VOLPEDO
ITINERARIO NEI LUOGHI PELLIZZIANI

ピエモンテ州
Piemonte

ヴォゴーニャ
Vogogna

過去の面影を強く残した街並みが残る岩石要塞の村

マッジョーレ湖の北西、渓谷に歴史を刻んだ岩石要塞がヴォゴーニャ村である。1328年にオッソラ渓谷地域の首都となり、ヴィスコンティ城が建設されてから1500年代半ば頃まで隆盛を誇った。1800年頃までスペイン、オーストリア、フランスなどの支配を受け、急速に衰えた。しかし過去の栄光の面影は今も残り、要塞、街並みなど、中世の遺産は村の勢力が衰えたがゆえに保存されており、渓谷を流れるトーチェ川とアルプス山系を望む景観が何百年もの時間の隔たりを超えさせてくれる。

MAP P37, P438-B-2

崖の麓にある小さな村。まず、ファサードのバラ窓と彫刻が美しいサクロ・クオーレ・ディ・ジェズ教区教会(中) の堂内を見学する。目抜き通りに連なる３階建ての建物は、パステルカラーで綺麗に色分けされていた。夏の陽射しがきつかったので、時おりアーケードの日陰でひと休みする。アーチを通して家並みや道行く人を眺めると、村の風景が一枚の絵画のように見えた。高台に大きな城(下) が建っていた。入り口まで行ってみたが、この日はたまたまクローズしており、中に入ることはできなかった。

Liguria

リグーリア州

リグーリア州
Liguria

アプリカーレ
Apricale

ルチェルトラ城下に息づく街並み、中世の散歩が楽しめる村

急峻な山肌にへばりついているような村。村の高みには、10世紀のルチェルトラ城が修復されて美しい姿を残している。ルチェルトラとは「トカゲ」の意で、日の当たる場所を象徴しており、かつて暮らしていたリグーリア地方のケルト人の象徴でもあった。また、網目のように走る細い坂道のマッツィーニ通り、カステッロ通り、カブール通りは石畳が美しく、村の家々や階段を見ながら散策すると中世に迷い込んだかのようである。

MAP P55, P438-A-4

山の稜線にびっしりと建物が密集する村（p20-21）を見たとき、思わず自分の目を疑った。このような村が存在し、実際に生活している人がいることが信じられなかった。村の中に入り、苦労して駐車スペースを見つけ、すぐに村歩きをはじめる。所々トンネルになっている細い路地はまるで迷路のようだ。トラクターのような小さな乗り物やオート三輪で荷物を運んでいる人もいた。高台にある広場には4～5階建ての大きな建物が連なっていた。お年寄りたちが座って雑談をしている。絶景をもつ村なのにあまり観光地化していない。リストランテやカフェ、土産物店は少なかった。

リグーリア州
Liguria

ブルニャート
Brugnato

明るい家並みが気持ち良い、プラムの木々に囲まれた村

村の紋章に描かれたプラムの木は、この地方で「ブリニェ」と呼ばれ、村の名前の元になっている。現在も村周辺にプラムの木が自生している。村の家々の外壁は明るいベージュやピンクに塗られ、空の青とのコントラストが美しい。12世紀前半に建てられた司教座大聖堂には、聖アントニオ・アバーテを描いたフレスコ画が残されている。さらに、1500年代の「キリストの奉献」のフレスコ画も近年の修復で発見された。

MAP P55, P438-C-4

門を潜って村の中に入ると、まずは新鮮な野菜を売る八百屋が目についた。ときおり村人たちが立ち寄り、野菜を買い求めていく。ぴったり肩を寄せ合うように立ち並ぶ民家は、一軒一軒色分けされていた。縞模様の尖塔が美しいサン・ピエトロ、サン・ロレンツォ、サン・コロンバーノ司教座大聖堂(下左)の中に入ってみる。6本の大きな燭台が置かれた祭壇(右中)は、窓から差し込む光に明るく照らされていた。石畳の模様を楽しみながら歩いて行くと、いつしか入り口に戻っていた。そのとき初めて村内の道がサークル状になっていることを知った。

リグーリア州

Liguria

ヴェレッツィ
Verezzi

旧石器時代の人の気配を感じる、素晴らしい眺めを誇る村

9世紀にベネディクト派の神父が修道院を造る目的で住み着いたのが村の始まりである。そして、サラセン人の襲撃に備え、石を砕き積み上げて防御壁が造られていった。現在残る古い住居にはアラブやイスラムの影響も見られる。村の高台には塔があり、旧石器時代からそこに洞窟を掘り、人が住んでいたことがわかっている。サンタゴスティーノ広場からは素晴らしい海の眺望が開け、夏にはシアターフェスティバルが行われる。

MAP P55, P438-B-4

高台にある村の入り口から、キラキラと輝く青い海を眺めることができた。数軒の民家を過ぎると、サンタゴスティーノ教会(右中) がある広場に出た。可愛らしいリストランテ「トッレ・アンティーカ」があったので、吸い込まれるように入ってみる。お勧め料理「アスパラガスとエシャロットのジェノヴァ風チーマ」(右下) はとても美味しかった。毎年7月は、広場に野外劇場ができるようだった。いつか観劇のためにこの村を再訪してみようと思った。
(「チーマ」とは、子牛の胸肉を袋状にして詰め物をしたジェノヴァの料理)

リグーリア州
Liguria

カンポ・リグレ
Campo Ligure

さまざまな時代の戦場になり、今では金銀線細工を主産業とする村

ローマ時代にゲルマン民族の侵入を防ぐ要塞が構築されたのが起源となっている。15～18世紀にもオーストリア帝国などとの攻防で何度も戦場となった。1815年サルディーニャ王国に編入されてから綿紡績業が盛んになり、一時期は1000人以上の村民が従事していた。1884年に最初の金銀線細工(フィリグリー) 工房が誕生し、今では村を代表する主産業にまで成長した。現在、イタリア金・銀フィリグリーセンターが置かれている。

MAP P55, P438-B-3

川に架かる石橋を渡って村に入る。教会広場から延びる目抜き通りには、食料品店や雑貨店の他に、ジュエリーやコスメを売る店があり、地元の人が買い物を楽しんでいた。裏通りを歩いていたら、高台にある円錐形の塔へと続く小径を見つけた。途中、犬の散歩をする人とすれ違う。残念ながら塔の中には入ることができなかったが、塔の手前は見晴らしがよく、村を一望することができた。オレンジ色の屋根が美しかった。

リグーリア州

Liguria

カステルヴェッキオ・ディ・ロッカ・バルベーナ

Castelvecchio di Rocca Barbena

美味しいオリーブオイル、ワインに恵まれ、古くから交通の要衝とされた村

村の岩山の上に建つ城の誕生は11世紀に遡る。ネーヴェ渓谷から内陸部につながる交通の要衝を治めるために建設されたのち、1951年まで住居としても利用されていた。1397年に一度は放棄されたが、16世紀にデル・カッレット公爵家によって城としての機能を取り戻した。昔から交易が盛んであったこの地は、今でも美味しいエキストラ・バージン・オリーブオイル「プリモ・ロッジョ」や「オルメアスコ」ワインが有名である。

MAP P55, P438-B-4

つづら折りの険しい山道を登って行くと、山の開けた場所に突然村が現れた。城を取り囲むように民家が立ち並んでいる。蔦に覆われた建物、石造りの水場、アーチ型の石橋などを見て、数百年という時の流れを感じながら石畳の小径を登って行く。高台に建つ城は個人の所有らしく、一般には開放されていなかった。日当たりのいい小さな広場に、パステルカラーの壁の色が美しいノストラ・シニョーラ・デッラッスンタ教区教会(上)があった。3時間ほど村の中で過ごしたが、村人には一人も会わなかった。

山の中に3つの集落があった。ヴェザッロ村ではガレージで何かの機械を修理していたおじさんに、ヴェラボォ村では噴水の周りで遊んでいた子供たちに「こんにちは」と声を掛けられたのが最も印象に残った。村と村を結ぶ森の中に、小さな石橋(右中)があった。昔、村人たちが行き交っていたのだろう。さらに山道を進んで行くとコレッタ村(p65)にたどり着いた。全景を目にしたとき、まるで都会の集合住宅のようだと思った。村の中には角張った民家が立ち並び、緩やかな曲線をもつ石橋で結ばれている。何故か玄関が2階にある家が多かった。お爺さんが、階段を一歩ずつゆっくりと登っていた。

リグーリア州

Liguria

コレッタ・ディ・カステルビアンコ
Colletta di Castelbianco

バロック様式の教会の尖塔が目印、黒トリュフが名物の村

緑の中にひっそりとたたずむ村は、地中海と現在のクネオの町を結ぶ中継地として知られていた。村の名前にある「カステルビアンコ(白い城)」は、渓谷の警備のためにクラヴェサーナ侯爵により造られたが、現在では遺跡が残るだけである。バロック様式のアッスンタ教区教会の尖塔が一際目立つ。教会内には18世紀の貴重なオルガンが保存されている。村の名物料理は黒トリュフのカステルビアンコ風フォンデュやラヴィオリ料理である。

MAP P55, P438-B-4

リグーリア州
Liguria

チェルボ
Cervo

村名は「サービス」に由来し、サンゴ漁師が住んだ村

紀元前180年頃にリグーリア地方がローマの支配下に置かれ、アウレリア街道が整備された。チェルボの語源はラテン語の「セルヴォ」でサービスの意。海に面し、交通の要衝でもあるこの地は、16世紀にトルコとサラセン人の海賊の来襲に悩まされ続けた。サン・ジョヴァンニ・バッティスタ教会は大理石が美しい荘厳なバロック様式の教会である。サンゴ漁を生業としていた漁師たちによって造られたため、別名「サンゴ教会」と呼ばれている。

MAP P55, P438-B-4

淡い黄色の建物が連なる美しい村の全景にしばし見とれた。広場のテラスからは真っ青な海が一望でき、海から吹く風が心地いい。1722年に建てられたバロック様式のサン・ジョヴァンニ・バッティスタ教会（中、下）の扉を開け堂内に足を踏み入れてみる。見事な彫刻やフレスコ画と接し、この村の最高の芸術がここにあることを知った。村の奥へと続くアップダウンの路地を歩いてみる。所々にサボテンが植えられ、ブーゲンビリアの花がたくさん咲いていた。意外にもリストランテやバール、土産物店は数えるほどしかなかった。

26

リグーリア州

Liguria

フィナルボルゴ

Finalborgo

かつての権力者たちの邸宅を眺めながらの散歩が楽しめる村

紀元前113年にユリア・アウグスタ街道とともにできた村。12世紀にはデル・カッレット公爵家の下、現在の村の中心が造られた。17世紀スペイン皇帝の支配下では近郊の港町と内陸部をつなぐ重要な役割を果たしていた。それを表すように権力者たちの邸宅が多数あり、広場や門も美しく旅人を飽きさせない。サン・ビアジョ大聖堂は17世紀バロック様式の荘厳な教会で、隣接するゴシック後期の1463年に建造された八角形の鐘楼が保存されている。

MAP P55, P438-B-4

村の入り口のどの門も、紋章や時計が埋め込まれた凝った造りをしていた。広場には一軒のバールがあり、老人たちがエスプレッソを飲みながら雑談をしている。4階建ての建物が連なる目抜き通りには都会的な賑やかさがあったが、一歩裏通りに入ると、洗濯物がはためき、生活感が漂っていた。サン・ビアジョ大聖堂(右中)の扉を開け中に入ってみる。中柱に描かれた繊細なフレスコ画と金の装飾、大理石でできた説教壇や天使の彫刻、そのどれもが素晴らしく、思わず言葉を失った。外光に照り輝き、まさに神を感じずにはいられない空間だった。

村外れに小さなホテルがあったので、まずは部屋を確保した。鉄道の高架を潜り、海沿いに広がる村へ行ってみる。土産物店では海での遊び道具が売られている。夏場この村はたくさんの海水浴客で賑わうことを知った。静かな波が打ち寄せる砂浜にはたくさんの漁船が置かれていたが、漁師の姿を見ることはなかった。観光客が砂の彫刻を見て楽しんでいる。街灯に光が入る頃、各リストランテが営業をはじめる。小さな広場に面したリストランテに入り、ヨーロッパアサリを使ったヴォンゴレを食べた。

リグーリア州

Liguria

ライグエッリア

Laigueglia

美しい砂浜と
クーポラをもち、
サンゴ漁で栄えた村

リグーリア海に面した美しい砂浜をもつ村。色鮮やかなマヨリカ焼の張り付けられたクーポラが目立つ2つの鐘楼が印象的である。鐘楼はサン・マッテオ教会のもので、1715年に元々あった教会が拡張されて造られた。当時はサンゴ漁が最盛期を迎えており、村は活況を呈していた。昔の村の中心部には1564年建造のサラセンの塔と呼ばれる城塞がある。海賊の来襲から村を守るために造られたもので、3つ造られたうち唯一残存するものである。

MAP P55, P438-B-4

リグーリア州
Liguria

ヴァレーゼ・リグレ
Varese Ligure

色鮮やかなボルゴ・ロトンダが13世紀を思わせる村

13世紀に建築された要塞を兼ねる住宅群「ボルゴ・ロトンダ(丸い村)」で知られている。色鮮やかに美しく保存されたボルゴ・ロトンダの中心広場は、昔は市が立ち賑わった。村のシンボルであるヴァレーゼ城は、1161年からの村の領主フィエスキ家が強力なジェノヴァ共和国に抗するための基地であったが、1547年ジェノヴァ共和国の軍門に降った。17世紀以後は改造され刑務所などに使われたが、現在は個人所有となっている。

MAP P55, P438-C-4

村は、枝分かれする川に挟まれるように位置していた。まず目についたのが、円弧状に石を積んで造られたアーチ型の石橋だった。橋のてっぺんに立つと、民家の2階にいるのと同じ目線で村とその周りの風景を眺めることができた。淡いパステルカラーに彩られた建物が、午後の眩しい陽射しに照らされ存在感を増している。村が円形状になっているからだろう、どの道も緩やかなカーブを描き、奥へと続いている。革製品の店があったので覗いてみると、店内には職人が生み出した靴や財布が並んでいた。広場の中央に、石を積み重ねて造られたヴァレーゼ城(下)があったが、中は見学できなかった。

山間にポツンと位置する小さな村で、すぐ横には川が流れていた。シエスタの時間、村は静まり返っている。立派な塔がある門(右下)を潜り村の中に入ると、通りの両脇には石でできた美しいアーケードがあり、村の奥まで続いていた。この村は20kmほど西にあるピエーヴェ・ディ・テーコの町と似たような造りをしているらしい。高い尖塔をもつサン・バルトロメオ教会(右中)の扉を開け中に入ってみる。金色をふんだんに使って生み出された彫刻や絵画は、天窓から差し込む日の光によってまばゆいばかりに輝いていた。

リグーリア州

Liguria

ズッカレッロ

Zuccarello

貴族と渓谷の民の協力で建設された美しい村

1248年4月4日クラベサーナ公爵とネーヴェ渓谷の民との契約が村の起源となっている。村の建設にあたり公爵は資金を、村民は労力を提供して1249年のクリスマスまでに村を完成させるという契約であった。この契約書は村役場の資料室に保存されており、現在も見ることができる。サン・バルトロメオ教会には、ロマネスク様式の立派な鐘楼が残されている。また昔はロバを引きながら人々が通ったであろう中世のロマネスク様式の橋も美しい。

MAP P55, P438-B-4

リグーリア州
Liguria

テッラーロ
Tellaro

海辺の美しさを凝縮したような豊かな色彩であふれた村

紀元前はエトルリア人が住んでいた地で、村の名前もエトルリア語が語源といわれる。その後ローマの支配下に置かれるが、1152年にはジェノヴァ共和国の一部となり、ピサとの抗争に翻弄される。今ではレリチ村の一集落であるテッラーロであるが、1400年にサラセン人の襲撃を受けた隣村レリチの生き残りのほとんどの住民がテッラーロに逃げ込んだという歴史がある。海の青、岬に立つ色鮮やかなサン・ジョルジョ教会やボートが美しい。

MAP P55, P438-C-4

村の手前の見晴らしのいい場所に数軒のホテルがあった。部屋を確保した後、村歩きをはじめる。広場から延びる緩やかな階段を下って行くと、小さな入り江に出た。20隻あまりの漁船が所狭しと置かれている。海を眺めると、ジェノヴァの港に向かう3隻の大型船が海に浮かんでいた。しばらくホテルの部屋で過ごし、夕方、再び同じ場所に足を運んでみる。建物や岩が夕陽に照らされ赤く染まる姿、その後、サン・ジョルジョ教会（p75）がライトアップによって青い世界の中に浮かび上がる姿は、ため息が出るほど美しかった。夜道で見つけた雰囲気のいい八百屋（p74上）でオレンジを数個買う。リストランテやピッツェリアがなかなか見つからなかったので、夕食はホテルのリストランテで食べた。

FOCACCIA
SALUMI
FORMAGGI
27
SASSICAIA
GAIA
CRIK CROK

リグーリア州

Liguria

モネッリア

Moneglia

12世紀の戦闘で得た遺物が今も教会に残る、美しい景色を誇る村

村の名の語源が「ジュエリー」という意から来ているほど、モネッリアはローマ時代から美しい地であった。岩に開いたトンネルを潜り、ようやくたどり着くことができる。目を惹くのは村の東側と西側にあるヴィッラ・フランカの要塞塔とモンテレオーネ要塞で、12世紀にジェノヴァ共和国によって造られた。サンタ・クローチェ教会には、モネッリアがジェノヴァと共にピサに勝利した際、ピサの艦隊から引きちぎった鎖が飾られている。

MAP P55, P438-C-4

椰子の木々が並ぶ海沿いの道には、ホテルやリストランテが立ち並んでいた。観光地らしく、どのホテルも宿泊料は一泊100ユーロと高かった。車が規制されている裏通りには食料品店、雑貨店などたくさんの店が連なり、地元の人や観光客で賑わっている。石畳の美しい模様(p77中)に導かれるように、堂々とした佇まいのサンタ・クローチェ教会(p77右中、左下)に入ってみた。ちょうど夕方の礼拝が行われており、30人くらいの村人たちが神父の話に耳を傾けていた。目が合ったお婆さんが、ニコッと微笑んでくれる。細い路地を歩いて立方体の塔をもつ建物(右上)の近くまで行ってみたが、個人宅のため入ることができなかった。

Panificio
PANIFICIO

オリーブ畑に続く一本道を行くと、小さな村が現れた。海から吹いてくる心地いい風が、村の隅々まで流れ込んでくる。リストランテはどこにもなく、村人とはなかなか出会わなかった。表札に描かれた可愛らしいイラストを楽しみながら歩いて行くと、高台へと続く細い小径に出た。この先に何があるのだろう……と興味を抱いていたら、目の前に城塞を彷彿とさせるサン・ピエトロ教会（上）が現れた。ファサードとアプス（後陣）の個性あるデザインに心を奪われる。扉には鍵が掛かっており、中を見学することはできなかった。

リグーリア州

Liguria

リングエリエッタ

Lingueglietta

ロマネスク様式とルネッサンス期の建築が同居している珍しい村

チプレッサ町の行政区画の一つであるリングエリエッタ。海の香りの中、オリーブ畑の中を登っていくと村に到着する。元々は領主の城の周りに造られた村だったが城はもはや残っておらず、教区教会に使われている石が13世紀の名残である。サン・ピエトロ教会は後期ロマネスク様式の教会であったが、1500年代に城塞に改造された。中世の宗教建築とルネッサンス期の軍事建築が融合している例は、リグーリア州でも大変珍しい。

MAP P55, P438-B-4

村の手前には大きな川が流れ、吊り橋が架かっていた。まずは橋の上から村の全景を眺める。川は建物の裏側に面して流れているらしく、バルコニーに洗濯物を干している家が多かった。門を潜ると、3階建ての建物が連なる通りに出た。道幅が広く歩道や中央線がないのでまるで広場のように見える。リストランテやバールが数軒あったが、シエスタの時間帯ということもあり、地元の人はほとんど見掛けなかった。ジェノヴァやトリノの街に近いからだろう、この村には約3500人が暮らしているという。

リグーリア州
Liguria

ミッレージモ
Millesimo

ローマ時代からの歴史をもち、ナポレオンが侵攻して戦場となった村

伝説では、ローマ時代にスペイン遠征からの凱旋で長い道中に疲れ果てた一兵士が歩みをとめ、この地にとどまる決意をしたことが村の誕生だとされている。ミラノとリグーリア地方を結ぶ要衝にあるため、1796年ナポレオンのイタリア侵攻の際に戦場となった。このミッレージモの戦いは、パリの凱旋門やナポレオンの墓にも記されている。ガイエッタの橋は、イタリアでも数少ない要塞化された橋である。12世紀に元々の橋が造られたとされる。

MAP P55, P438-B-3

リグーリア州
Liguria

ノーリ
Noli

立派な村役場や塔など、海洋共和国として栄えていた面影を残す村

村の名前の由来はギリシャ語の「ネアポリス(新しい町)」とされる。紀元前にはローマの植民地で造船所があったとの記録が残る。1202年サヴォーナの支配に対抗するために、周辺の町村とジェノヴァ共和国との連帯でノーリは海洋共和国の形態を完成させた。しかし1797年ジェノヴァ共和国の終焉でノーリの自治も終わりを遂げた。今でも往時の繁栄を物語るように12〜13世紀に造られた立派な村役場庁舎や隣接する塔がそびえたっている。

MAP P55, P438-B-4

朝の眩しい光が降り注ぐ裏通りは、地元の人がたくさん歩いていた。八百屋の店先に置かれた野菜や果実がとても瑞々しく見える。砂浜へ行くとタイミングよく漁船が戻り、漁師が捕ったばかりの魚を水揚げしていた。魚は道沿いの市ですぐに販売がはじまり、地元の人たちが次々と買い求めていく。高台に建つモンテ・ウルシーノ城(右中)を時おり眺めながら、路地を歩いて村の中を散策する。サン・ピエトロ・ノーリ教区教会があったので扉を開けて中に入る。神秘性を帯びた暖かな光に満たされた堂内では、数人のお年寄りが祈りを捧げていた。

急な山の斜面に建物が密集して建ち、どの家も日当たりがよさそうだった。一本の石畳の道が、村の中央に建つ聖堂参事会教会(上中)に向かって延びている。通り沿いには幾つかの土産物店があり、魔女に関する品々を多く販売していた。17世紀、この地でも起こった魔女狩りに由来するという。歩いていると、魔女の人形に常に監視されているような気がした。村を立ち去ろうとしたとき、買い物帰りのお婆さんから「どこから来たんだい?」と声を掛けられる。その優しい笑顔が印象に残った。

リグーリア州
Liguria

トリオーラ
Triora

昔の魔女狩りも、今は かわいい魔女人形に。 ゴシックの鐘楼が残る村

1261年ジェノヴァ共和国の軍事的要衝になってから急激に発展した。しかし1405年には重税を課す盟主ジェノヴァに反旗を翻し、鎮圧されてしまう。その後、幾多の戦いで周辺の村々が犠牲となるもトリオーラは豊かな歴史を刻む。ナポレオン軍の略奪や、第二次世界大戦後半のドイツ軍による破壊などで甚大な被害を被った。聖堂参事会教会にはゴシック後期の鐘楼が残され、教会内には主祭壇の2枚の祭壇画など貴重な宝物も保存されている。

MAP P55, P438-A-4

リグーリア州
Liguria

ヴェルナッツァ
Vernazza

城の周りに張り付く カラフルな家々が 目印、世界遺産の村

世界遺産チンクエ・テッレの村の一つ。海に小さく突き出た岬の上に造られた11世紀の城塞が村のシンボルである。城の周りに張り付くように色鮮やかな住宅が造られているが、船乗りたちが自分の家がはっきり遠目にわかるようにするためだったといわれている。家々の背後にそびえる切り立った山の斜面は、長い時をかけて住民が開拓した段々畑となっており、そのブドウから造られる白ワイン「ヴェルナッチャ」は世界中で愛飲されている。

MAP P55, P438-C-4

細く険しい山道を、対向車に注意しながら下って行く。指定の駐車場に車を停め、荷物を持って歩くこと15分、建物が密集する海沿いの村に出た。有名な景勝地だけあって、世界中から訪れたたくさんの観光客がいた。海沿いや目抜き通りには土産物店やリストランテが連なっているが、一歩路地に入ると途端に静かになり、地元の素朴な生活感があった。予約なしではホテルの部屋が取れないといわれていたが、コンタクトした2軒目で奇跡的に部屋を確保することができた。サンタ・マルゲリータ・ディ・アンティオキア教会（p83上）裏からブドウ畑へと続く急な小径を登って行くと、村と入り江を一望することができる場所に出た。すでに20人ほどの観光客がカメラを三脚に固定し、夕景と夜景（p22-23）を待ち構えていた。

リグーリア州
Liguria

モンテマルチェッロ
Montemarcello

白ワインで有名な地域にあり、コルヴォ修道院にダンテが滞在していた村

村はラ・スペツィア港入り口の海を見下ろす小高い丘にある。ローマ時代から貴族の避暑地として好まれ、今でも邸宅の跡が残る。1176年にベネディクト会修道士たちにより創設されたコルヴォ修道院には、政治的な理由でフィレンツェを逃げ出したダンテ・アリギエリが1306年に滞在したという。当時の資料によれば、ダンテは一人の修道士に手書きの神曲の「地獄篇」を手渡したとされる。村周辺では白ワインが有名である。

MAP P55, P438-C-4

村は海を見下ろす高台にあった。住んでいる人がいるのだろうか……と思わせるほど田舎特有の静けさが満ちあふれていた。建物の壁は淡い黄色かオレンジで統一されているので、すべての路地が随分と明るく感じる。所々に絵画が飾られ、ブドウ樽や壺、鉢植えの植物が置かれていた。住人たちは、この村での暮らしを心から愛し、楽しんでいるようだった。路地の一角にサン・ピエトロ教会（下中）があったので中に入ってみる。繊細な彫刻やシャンデリアをあしらった白壁の祭壇に心打たれた。

Lombardia

ロンバルディア州

ロンバルディア州

Lombardia

ビエンノ
Bienno

人工運河の水力エネルギーで鉄を鍛造し、繁栄した村

森林資源と水の豊富さのおかげで、鉄の村として有名である。1000年頃までに建造されたヴァーゾ・レという人工運河では、水力でエネルギーを作り出し、エネルギーは鉄の鍛造、水車や石材工場でも使われた。加熱炉博物館や1600年代の水車がある水車博物館では、運河の歴史を知ることができる。また、コントリツィオ通りでは、15世紀に遡ることができ、村の古い中心部が見られ、ここから村にある7つの塔を巡ることもできる。

MAP P87, P438-C-2

山裾に広がる大きな村だった。緩やかな登り坂になっている目抜き通りには3〜4階建ての建物が連なっている。カフェテリア（右下）に入ってみると、ガラスケースの中にタルト、パイ、ケーキ、チョコが並び、お姉さんが栗のタルトの試食をさせてくれた。狭い路地で、昔の農機具を飾る家、階段にたくさんの鉢植えの花を置く家を見つけた。水音がする方へ行ってみる。段差がある水路に激しく水が流れ、近くには水くみ場と水車があった。山へと続く道を登っていくと急に見晴らしがよくなった。素朴な村とその周りに広がる新市街との対比が面白かった。

ロンバルディア州
Lombardia

カステッラーロ・ラグゼッロ

Castellaro Lagusello

石畳、石造りの屋敷、城塞などの風景が美しい村

11世紀に城塞が築かれたことにより誕生する。城壁や川の石を用いた石畳、石造りの司祭館が美しい村である。北側から村に入るには、17世紀まで跳ね橋となっていた城門を通る。18世紀のファサードをもつヴィッラ・アッリーギ（内部を見るためには、予約が必要）は、古くから存在していた封建領主の城と1737年に完成したサン・ジュゼッペ教会が一つになった建物である。また、城塞の眺めが美しい村南側の風景も一見に値するだろう。

MAP P87, P439-D-2

トウモロコシ畑に延びた道を行くと約300人が暮らす小さな村が現れた。背の高い塔を潜って村の中に入る。塔の表面の小穴は鳩の巣になっているらしく、鳴き声が聞こえてきた。立派な門構えの民家が多いので、村に豊かさを感じる。突然雨が降ってきたが、歴史ある石造りの村に雨がとてもよく似合っていた。湖の反対側から全景を眺めてみようと思い、道行くお爺さんに行き方を尋ねたら、畑を指さし丁寧に道順を教えてくれた。でもどう頑張っても、畑の中にあるという小径を見つけ出すことができなかった。

2011年に「最も美しい村」に登録された村で、約400人が暮らしているという。大きな丸石を敷き詰めて造られた道は凹凸が激しく、車やオート三輪はガタゴトと音を立てて走っている。訪れる観光客はいないのか、リストランテや土産物店はどこにもない。村の中央に一軒のバールがあった。前を通ると、店内から賑やかな人の話し声が聞こえてきた。サンティ・ファウスティーノ・エ・ジョヴィータ教区教会（右上）はちょうど修繕工事中で、表面の黄色い壁を塗り替えていた。歴史を積み重ねてきた教会の最後の姿を見ることができ、何だか得した気分になった。

ロンバルディア州

Lombardia

カステルポンツォーネ
Castelponzone

4世紀に遡る歴史と、豊かな実りで潤う村

マントヴァ、クレモナ、パルマを結ぶ三角形の中心に位置し、豊かな農業と歴史に富んだこの地方の典型的な農村である。カステルポンツォーネはスカンドラーラ・ラヴァーラ村の一つの集落であり、今でも麦打ち場や干し草置き場、家畜小屋を備える小さな家を目にすることができる。また、スカンドラーラ・ラヴァーラの古い中心部の起源は4世紀に遡るといわれ、1100年代には存在していたことが知られている古い教会が残っている。

MAP P87, P438-C-3

ロンバルディア州
Lombardia

コルネッロ・デイ・タッソ
Cornello dei Tasso

有力貴族であった タッソ家の貢献のあれこれを残す村

ベルガモアルプスの村の中でも、古い時代の景観がよく保存されている村の一つであり、ブレンボ川沿いの岩山にある。小さな村だが「タッソ家と郵便史の博物館」をはじめ、有力貴族であったタッソ家に関する資料が残っている。15世紀にタッソ家が始めた郵便事業に関する展示の他、ベルナルドとトルクァートというタッソ家が生んだ2人の偉大な作家に関する展示を見ることができる。村の高みにはロマネスク様式の教会と塔がある。

MAP P87, P438-C-2

最初、村がどこにあるのかわからなかった。たまたま近くにいた人に尋ねると、車では行くことができないという。駐車場から延びる細い山道を歩いていくと、石造りの民家が立ち並ぶ素朴な集落が現れた。鶏の鳴き声を耳にしながら門を潜って村の中に入る。新聞を読んでいたお婆さんがニコッと微笑んでくれた。サンティ・チプリアーノ・エ・コルネリオ教会(p93 左下)の歴史は古く、起源は12世紀に遡るという。フレスコ画は15～16世紀に描かれたものらしい。山の斜面を利用して作られた畑では、ジャガイモとリンゴが栽培され、動物よけの金網の柵があった。

ロンバルディア州
Lombardia

フォルトゥナーゴ
Fortunago

美しい果樹園に囲まれ、イタリア北部のオアシスのような村

丘陵地のリンゴ畑やブドウ畑の美しい道をたどり村に着くと、昔の小さな教会が旅人を迎えてくれる。村はミラノから70㎞に位置し、ストレスを忘れさせてくれるオアシスである。村の名前は、幸福の女神（デア・フォルトゥーナ）に由来すると言う人もある。この地には5～8世紀にかけて「オルトレポー・パヴェーゼ」と呼ばれる村の周辺地域を支配したランゴバルド族の影響で、サラミなどの豚肉の加工品製造が盛んである。

MAP P87, P438-C-3

道の中央にポツンとある小さなサンタントニオ祈禱所（上）が、村に着いたことを教えてくれた。扉が開いていたので中を覗いてみると、祭壇の修繕工事が行われていた。真剣に手を動かしている男たちは、誰一人として訪問者に気づかなかった。緩やかな石畳の坂道を歩き村の中に入って行くと、突然賑やかな人の話し声が聞こえてきた。音のする方に行ってみると、高台にある芝生が美しい広場でこぢんまりとした結婚式が行われていた。約400人が暮らす小さな村で誕生するカップル。村人たちはさぞかし嬉しいのだろう、二人の門出を盛大に祝っていた。

ロンバルディア州
Lombardia

グラッツィエ
Curtatone Borgo di Grazie

船頭たちが信仰した祈禱堂に巡礼者が集まる村

クラトーネ村の一集落であるグラッツィエは、ベアータ・ヴェルジネ・デッレ・グラッツィエ至聖所を擁する。記念堂の起源は1000年頃に遡り、人々が聖母子像の絵を飾る柱を立てたことによる。その後、船頭たちが祈りを捧げたことで巡礼者が増え、祈禱堂が建設された。1339年にはフランチェスコ・ゴンザーガがペストの終焉に感謝してその地に大聖堂を築き、1406年に聖別された。現在の記念堂は1900年代に入って再建されたものである。

MAP P87, P439-D-3

村の入り口にオープンテラスのあるリストランテがあった。その先に大きな広場があり、周辺にはパステルカラーで色分けされた可愛らしい民家が立ち並んでいる。テーブルの上の花飾り、外壁に飾られた絵画など、そのさりげない暮らしの気配に、この村で暮らす人々の心の豊かさを垣間見た。ベアータ・ヴェルジネ・デッレ・グラッツィエ至聖所(中、下)があった。内壁に置かれたたくさんの聖人像と天使像に圧倒されたが、最も驚いたのは、身廊の天井から鎖で吊り下げられているワニの化石だった。かつて邪悪な動物とされていたワニ。信者に悪をとめさせる意味合いが込められているという。

ロンバルディア州

Lombardia

グラデッラ

Gradella

パンディーノ村の一部で、ポー川沿いにある美しい村

村の起源は、8～9世紀の間にゲルマン系ランゴバルド族の駐留地がおかれたことである。パンディーノ村の一部で、ポー川デルタ地帯にある古い村。村に至る並木道は特に美しく、おとぎ話に出てくるような風景だ。教区教会は1895年から建設されたもので、三位一体の神と聖バッシアーノに捧げられている。パンディーノ村には、ヴィスコンティ家の城が保存されており、ベルナボ・ヴィスコンティによって14世紀に建築されたものである。

MAP P87, P438-C-2

トウモロコシ畑に延びた道を行くとポプラ並木が現れ、その先に村があった。ほぼすべての建物がオレンジや黄色に彩られていたので、雨の日でも明るく感じた。教区教会の尖塔は時計台になっていた。村にある時計は壊れていることが多いが、この時計はぴったり正確な時を刻み続けていた。通りを歩くとすぐに村の外れに広がる畑に出てしまう。10分もあれば一周できてしまう小さな村だった。なぜか午後4時半に長い鐘の音が響く。メロディーになっていた。

ロンバルディア州
Lombardia

グローモ
Gromo

鉄で繁栄した、セリオ川沿いに隆起した岩の村

鋼鉄の生産地として古くから知られていた。鉄の産出はジナーミ家をはじめとして、この地に富をもたらした。村のダンテ広場には1200年代に建てられたジナーミ家の城や1443年のミレージ家の館（現役場庁舎）が見られる。同広場にはサン・グレゴリオ教会もあり、1600年代の祭壇画には村のかつての様子が描かれている。また、スピアッツィ・ディ・グローモ（標高1200m）から眺める景色も素晴らしい。

MAP P87, P438-C-2

麓は晴れていたが、山の中にある村は濃い霧につつまれていた。時おり霧が晴れ、村がゆっくりと姿を現していく。まるで中世を描いた映画のはじまりを観ているようだった。急な石畳の道を登って行くと、小さな広場に出た。地面に起伏があるのでサン・グレゴリオ教会が傾いているように見える。食料品店のショーウィンドウを覗くと、ワイン、チーズ、ハムがごちゃ混ぜになって置かれていた。雨が激しくなるとバールでエスプレッソを飲んで時間を潰し、小降りになったら外に出る。その繰り返しで村を巡った。

ロンバルディア州
Lombardia

モンテ・イゾラ
Monte Isola

湖に浮かぶ山に位置し、さまざまな時期の建築物が残る村

イタリア語で「山」を表す「モンテ」と、「島」を表す「イゾラ」という名からもわかるように、モンテ・イゾラはイゼオ湖に浮かぶ山である。村の船着き場を降りると18世紀の古い家並みが残っている。標高400mにあるマッセ地区には16世紀に修復された広場と15世紀様式の教会が残っている。また、かつて漁民だけが住んでいたマラリオ養魚場には、建物の中だけではなく屋外でも暮らせるような家が並んでおり興味深い。

車を対岸の駐車場に停め、船に乗って島に渡る。10分ほどで到着した。島は一周9kmと書かれていたので、船着き場の村で自転車を借りることにした。しばらくは平坦な道が続いたが、だんだんと登り坂がきつくなった。息が切れはじめた頃、2つ目の村が、さらに行くと3つ目の村が現れた。車が走っていないので、石畳の道の中央を歩き、のんびりと村の散策を楽しむことができる。リストランテは地元の人で賑わっていた。2時間ほどで島を一周し、船着き場に戻った。船は15～20分おきに出ているので、住人たちはちょっとした買い物でもすぐに島から出ることができる。この辺境の地での暮らしにそれほど不便さは感じていないだろう。

MAP P87, P438-C-2

UBI Banco di Brescia

ロンバルディア州

Lombardia

ロヴェレ
Lovere

歴史的な建物、芸術品の数々が残る村

深い渓谷に掘られたトンネルを行くと、イゼオ湖のほとりに村が見えてくる。交通の要衝にあり、村は古くから栄えていた。湖から山の斜面にかけて、1500年代のマリノーニ館やヴィッラ・ミレージなどの歴史的な建物が並ぶ。新古典主義の建物であるタディアーニ館には、歴史ある絵画館が設けられている。ヤコポ・ベッリーニなどの絵画を展示する他、豊富な磁器コレクションも展示されている。湖に面するポルト広場も美しい。

MAP P87, P438-C-2

波に揺れる白鳥に視線を投げながら湖沿いの道を歩いていくと、賑やかな広場に出た。5階建ての建物が連なり、1階部分はリストランテやバールになっている。案内所があったので、村内の地図をもらった。広場から延びる路地を歩きはじめたら、まず目の前に鋭利な尖塔をもつサンテ・ジェローザ・エ・カピターニオ至聖所(右下)が現れた。扉を開け中に入ってみる。祭壇(左上)や側廊(右中)の壁一面に描かれた細密な宗教画に圧倒され、しばし言葉を失った。この他にも、村の中には3つの大聖堂があり、すべて堂内を見学することができた。

美しい緑の芝生の先に大きなサンタ・マリア・ディ・モリモンド修道院(中、左下)があった。堂内に足を踏み入れると、どっしりとした煉瓦造りの支柱の連なりに驚く。修道僧たちの質素な生活を反映しているかのようなシンプルな祭壇は、後陣の丸窓から差し込む明るい光に照らされていた。6本の大きなプラタナスの木を仰ぎ見ながら村の中に入る。わりと新しい年代に造られた石畳の道が延びている。開放感がある石畳の広場の脇にはイル・キオストロ・モリモンドホテル(右下)があった。

ロンバルディア州

Lombardia

モリモンド
Morimondo

シトー派の修道僧が住んだことから始まり、修道院の様子がしのばれる村

1134年にフランス、ブルゴーニュ地方の同名の村からシトー派修道会の12人の修道僧がたどり着いたのが村の始まりである。「モリモンド」とは、「世界が死す」の意。つまり、大修道院の門を潜った者にとって、俗世間はなくなるということであった。大修道院の教会は、戦争の影響で1182年から100年以上もかけて造られた。また、15世紀に修道院付属の荘園であったカシーナ・フィオレンティーナでは、当時の水車やかまどが残り往時がしのばれる。

MAP P87, P438-B-2

ロンバルディア州

Lombardia

サッビオネータ

Sabbioneta

「ポー平野の小さなアテネ」といわれる、世界遺産の村

文芸を厚く保護したヴェスパジアーノ・ゴンザーガ・コロンナ公によって、古代ローマの街をモデルとして計画された。村は星形をしており、中心は長方形のドゥカーレ広場である。この広場は、村が厳格なまでの正確さの下に計画されたことをよく示しており、北にアッスンタ教会、両側にはドゥカーレ宮などが並ぶ。2008年にはマントヴァとあわせて、ユネスコの世界遺産に登録されている。

MAP P87, P439-D-3

世界遺産に登録されている地であるにもかかわらず観光客はほとんど見掛けず、車も駐車場にすんなりと停めることができた。村の入り口にあったイラストマップを見て、城壁が星形になっていることを知る。町とも呼べる大きな村の中には、いくつもの教会や邸宅があり、かつてのこの村の繁栄と豊かさを物語っていた。広場の脇に案内所があり、そこで主要施設の共通入場券12ユーロを買うことができた。大廊下(p104)、オリンピコ劇場(p105)、ドゥカーレ宮(p102下)、シナゴーグと順番に巡っていく。どこも素晴らしい中世の芸術であふれていたが、最も感動したのは神殿の上に何体もの彫刻が置かれたオリンピコ劇場だった。

ロンバルディア州
Lombardia

ソンチーノ
Soncino

城塞として築かれ、その後、印刷業で栄えた村

村の起源は古代ローマの軍事的要塞が築かれたことであった。その後もガレアッツォ・マリア・スフォルツァの命により、バルトロメオ・ガディオが、1473年にわずか3年でスフォルツェスコ城塞を造り上げた。北側には税関や守備のために用いられた半月堡が残り、四隅には塔が設けられている。また村では印刷業が栄え、1488年に印刷されたベルリン版聖書は特に重要である。ユダヤ系の印刷業の拠点となっていた印刷工の館も見学できる。

MAP P87, P438-C-2

城壁に囲まれた大きな村。目抜き通りにはたくさんの人が歩いていた。まずは12世紀に建てられた、クレモナ教区の最初の教会として知られるサンタ・マリア・アッスンタ教区教会（下）に入ってみる。空色をそのまま溶かし込んだような採光塔の碧さが目にしみた。村の外れには、どっしりとしたたたずまいをしたスフォルツェスコ城塞（上）があった。入場料４ユーロを払い、中に入ってみる。牢獄や拷問部屋がかなりリアルだったので、足早に見学した。

ロンバルディア州

Lombardia

ポラーナ
Porana

ネオ・ゴシック様式の教会と、イタリア様式の庭園を楽しめる村

ポー川からわずか数km程の場所にある。のどかな田園風景の中にあるこの村の名所の一つがサン・クリスピーノ教会である。尖塔、ヴォールトなどにロンバルディア地方特有のネオ・ゴシック様式をみることができる。教会の裏には、ヴィッラ・メローニがある。イタリア様式の庭園を備えるこの別荘は、18世紀様式で建てられたもので、1883年9月にはイタリア王国国王ウンベルト1世も立ち寄った。

MAP P87, P438-C-3

村の中には数軒の民家があるだけだった。おそらく、「最も美しい村」の中で最小の村だろう。まず目についたのが、宮殿を彷彿とさせる大きなヴィッラ(上流階級のカントリーハウス 右上)。鉄の門の前で立ちどまっていたら、低い唸り声を上げる番犬がやって来たので逃げるようにして場所を移動した。すぐ横には屋敷と同じ色をしたサン・クリスピーノ教会(下)があった。道を挟んだ反対側には大きな農家があり、庭には放し飼いにされたアヒル、鶏、チャボが歩いていた。村のすぐ横に、鉄道の無人駅があった。

ロンバルディア州

Lombardia

クリッリア・コン・モンテヴィアスコ

Curiglia con Monteviasco

石積みの家並みと、至聖所のフレスコ画が自慢の村

昔からある資材を運ぶための1442段の階段を登るか、近年できあがったルイーノ村からのロープウェーだけが村へたどり着く方法である。ヴェッダスカ峡谷にはめ込まれたように見え、マッジョーレ湖の上に位置する。村の特徴的な建築物は、石を積んで造られた家に木製のバルコニーと岩を薄く剝がしたものを屋根に使っている。村に入る手前には、1500年代のトロンケード至聖所があり、大理石の祭壇と聖母マリアのフレスコ画が美しい。

MAP P87, P438-B-2

こんな山奥に人が暮らしているのだろうか……と思いながら険しい山道を登って行くと、突然村が現れた。約200人が暮らしているというが、見渡す限りひっそりとしていた。建物の間に延びる石畳の坂道を歩いて行く。途中何度か立ちどまり、平べったい石を積み重ねて造った建物や壁の写真を撮っていると、ネコが近づき、足に顔をすり寄せてきた。村の最も高い所には小さな礼拝堂(中左)があり、小径はさらに山の奥へ向かって続いていた。村の入り口に、サン・ヴィットレ教区教会(下)があった。近年修復されたのだろう、随分とモダンな建物だった。

CURIGLIA
AI SUOI
CADUTI

ロンバルディア州
Lombardia

トレメッツォ
Tremezzo

作家も作品で言及する美しさを持つ、コモ湖沿いの村

スタンダールもイタリア旅行記の中でトレメッツォの美しさについて叙述している。現在は美術館として使われている18世紀のヴィッラ・カルロッタや湖畔に並ぶ邸宅は一見に値する。また、丘の上のロガーロ地区には1600年代の家々がバロック様式の広場に近接して建っており、ルターの宗教改革でスイスから逃げてきたカトリック教徒が建てたのが起源とされるエレミーティ・デッリ・マドンナ祈禱堂がある。

MAP P87, P438-C-2

コモ湖にはツアーボートが浮かび、湖畔にはホテルやリストランテが建っていた。まるで南国のリゾート地のような雰囲気が漂う村だ。大きな邸宅がいくつもあった。ヴィッラ・カルロッタ（p111 中上）は一般公開されていたので、入場料 8.5 ユーロを払い入ってみる。内部の撮影は禁止されていたが、庭園は自由に撮ることができた。教会はいくつかあったが、ゴシックとロマネスク様式を兼ね備えたサン・ロレンツォ教会だけ堂内を見学することができた。雨が上がると霧が晴れ、対岸の険しい山肌が間近に迫ってきた。湖沿いに点在する村を一つ一つ訪れていたら、この地区で丸一日過ごすことになった。

ロンバルディア州

Lombardia

トレモジーネ・スル・ガルダ

Tremosine sul Garda

素晴らしい景色で「ガルダ湖の楽園」と呼ばれる村

ガルダ湖を見下ろす標高423mの高みにあり、コッツァリオ広場からは湖やバルド山の素晴らしいパノラマが楽しめる。また、広場近くには美しい鐘楼をもつ1700年代の教区教会がある。内部には、フランチェスコ・バルビエーリの手になる祭壇画が保存されている。湖畔からは、資材を運ぶために切り開かれた道がいくつもあり、トレッキングやマウンテンバイクで行くのも楽しい。

MAP P87, P439-D-2

ガルダ湖畔から崖上に向かって延びる急な坂道を登って村に入る。まずは案内所に入り、スタッフから地図をもらった。ざっと数えただけで、この地区には18の村があることがわかった。ヴォルティーノ村、ヴェジオ村(中)、などいくつか選び、順々に巡っていく。どの村も教会が中心となり、その周りに民家が寄り添うように建っていた。ドアや窓辺に花を飾ったり、ブドウ棚を作っている家がたくさんあった。高台にあるピエーヴェ村(p113左中)は特に見晴らしがよく、小さな広場の展望台から湖を一望することができた。ブドウ畑に囲まれたセルメリオ村(上)の景観に最も心を奪われた。

Cà de la
scala tonda
sec. XIV

TRATTORIA DA ANGELO

ロンバルディア州
Lombardia

サン・ベネデット・ポー
San Benedetto Po

ポー川に浮かぶ ベネディクト派の 修道院に由来し、 貴重な聖堂の残る村

1007年にテダルド・ディ・カノッサによって創設されたベネディクト派の修道院に由来する。修道院はポー川とその支流リローネ川の間に浮かぶ島に建てられたが、ナポレオンによって1797年に廃止された。大修道院聖堂は1540～1545年にかけてジュリオ・ロマーノにより造られた。教会内部を飾る32体の聖人の像は、アントニオ・ベガレッリによるもの。また、村の民俗文化博物館は、イタリア国内で有数の規模を誇る民俗学博物館である。

MAP P87, P439-D-3

町とも呼べる大きな村には、約7500人が暮らしているという。村の中央には、数千人規模の集会ができる巨大な広場があった。地元の人々は自転車で横断し、子供たちは縦横無尽に駆けている。そんなほのぼのとした日常の光景は見ていて飽きなかった。やがて広場にはたくさんのクラシックカーが集まってきた。ファンの集いだろう。地元の人も歩みをとめ、稀少な車を間近で見たり、ドライバーとの会話を楽しんでいる。車が去り、村の中が静かになってから、サン・ベネデット・イン・ポリローネ修道院（上、下）を見学した。等身大の聖人像、回廊は確かに素晴らしかった。

16

ロンバルディア州
Lombardia

カッシネッタ・ディ・ルガニャーノ

Cassinetta di Lugagnano

イタリア様式とイギリス様式の2面の庭園が残る村

大都市ミラノの近くであることが信じられないくらい素朴な村だった。豊かな水量を湛える運河がある。地図で調べてみると、この運河はミラノまで続いていた。熟年観光客を乗せたツアーボートが、桟橋を離れていく。立ち並ぶ邸宅は、高い壁に囲まれ、人を寄せ付けない雰囲気があった。運河沿いの遊歩道で、サイクリングや犬の散歩をする地元の人を見掛けた。橋の近くの建物に案内所が入っていた。スタッフの女性(右上)は、突然現れた日本人に随分と驚き、この小さな村を訪れた理由を興味津々で尋ねてきた。

ローマ時代、運河の右岸に人々が住み始めたのが村の起源とされる。村の風光明媚さからヴィスコンティ家、カスティリオーニ家などミラノ貴族の邸宅が立ち並ぶようになり、現在でも美しい姿を残している。ヴィスコンティ家別邸の歴史は古く、1392年には土地がヴィスコンティ家のものであった。1850年にバルザレットにより造られた庭は、イタリア様式とイギリス様式の2面があり、当時のコーヒーハウスも保存されており興味深い。

MAP P87, P438-B-2

まずは村の入り口にあったリストランテに入り、ランチを食べることにした。お勧めを、とオーダーしたら、前菜に生ハムとサラミが出て、メインはホウレンソウ味のジャガイモのニョッキだった。リストランテから出るとタイミングよく雨が上がり、雲の切れ間から太陽が顔を出した。花や緑が瑞々しく輝きだす。山のてっぺんにあるザヴァッタレッロ城まで行ってみる。苦労して山道を歩いて登ったが、残念ながらこの日はクローズしており、城内に入ることはできなかった。しかし、俯瞰で眺める村の全景（左中）は素晴らしかった。

ロンバルディア州

Lombardia

ザヴァッタレッロ

Zavattarello

古くは靴の工房で名をはせ、のちに重要な城塞となった村

村の名は「靴を仕立てる場所」という意味のラテン語に由来する。実際、この村には古くから多くの工房があった。村の城壁と塔は、ダル・ヴェルメ家（北イタリアの封建貴族）にとって重要な要塞であった。現在では、城塞内部に現代美術の美術館がある。ティタニカ城塞は壁の厚さが4mを超える場所もあり、40もの部屋をもつ。また、城塞の近くの広場には1400年代に造られた美しい木製祭壇を収めるサン・ロッコ礼拝堂がある。

MAP P87, P438-C-3

石畳の広大な広場に行くと、所々に停まっている車が随分と小さく見えた。広場を取り囲む建物には回廊がある。傾きはじめた夕陽が、アーチの内側を明るく照らしていた。荘厳なサンタ・フェリチタ・エ・ディ・サンディ・セッテ・フラテッリ・マルティーリ首席司教教会（左中）の中に入ってみる。堂内は薄暗く、自然と視線は深奥部に引き寄せられていく。祭壇の前には美しい生花が飾られていた。広場の先には草に覆われた堤防があり、その先は畑になっていた。川はさらにその先に流れているのだろう。

ロンバルディア州
Lombardia

ポンポネスコ
Pomponesco

ローマ時代に起源をもち、交通の要衝となった村

2世紀に遡り、ローマのポンペア家という貴族がこの地に住んでいたことがわかっている。16世紀の終わりにはこの貴族に関する墓石と碑文のある石棺が見つかった。村は16世紀、城の建築とともにジュリオ・チェーザレ・ゴンザーガにより整備され、今でも東西南北の道が正確に交差している。城は今や一部分しか残っていないが、広場には役場庁舎やサンタ・フェリチタ・エ・ディ・サンディ・セッテ・フラテッリ・マルティーリ首席司教教会などの1500～1600年代の建物が並んでいる。

MAP P87, P439-D-3

Trentino Alto Adige

トレンティーノ・アルト・アディジェ州

トレンティーノ・アルト・アディジェ州
Trentino Alto Adige

キウザ
Chiusa

「芸術家の街」と呼ばれる、チロル風の可愛らしい村

かつて、ドロミテ街道はイタリアとドイツを商業で結んでいた。この街道近くの峡谷に位置するチロル風の村がキウザ。建物の正面や張り出しには銃眼が開けられているのが特徴。鉄を打ち出して作られた店の看板が可愛らしく目を惹く。1800年代には、この地に画家や詩人などのアーティストが数多く訪れ、「芸術家の街」とも呼ばれた。村の切り立った山頂に建つサビオーナ修道院は堂々たる構えを今でも保っている。

MAP P119, P439-D-1

垂直に切り立つ崖の上には修道院があり、まさに絶景をもつ村だった。まずはホテルの部屋(一泊35ユーロ)を確保する。目抜き通りには、土産物、洋服、ジュエリー、スーパーなどの店が連なり、地元の人や観光客で賑わっていた。絵ハガキでよく写真が使われているサンタンドレア教会(p121左下)は橋の手前にあった。翌日、急な坂道を登って崖の上にあるサビオーナ修道院(p121上)まで行ってみる。サンタ・マリア礼拝堂の色鮮やかな天井画(p123上)と、その奥にあった小さな礼拝堂(p122、p123下)の壁や天井を埋め尽くすフレスコ画があまりにも素晴らしく、涙が出るほど感動した。

トレンティーノ・アルト・アディジェ州

Trentino Alto Adige

グロレンツァ
Glorenza

貴族の邸宅が残る古い交通の要衝は、名産スペック自慢の村

スイス、オーストリアの国境に近い村。ドイツ語では「グルンス」とも呼ばれる。1163年の文献に、交通の要衝として村の名が記されている。アルト・アディジェ地方では唯一、村を取り囲む城壁が完全な形で残されており、現在のものは1580年頃に造られたものである。城壁は350の銃眼と尖塔付きの7つの塔をもつ。村にはこの地を統治していた貴族たちの邸宅が美しく並び、名産のスペック（生ハムの一種）も美味しい。

MAP P119, P439-D-1

村全体が城壁に囲まれていた。門（右上）にある狭い入り口を潜って村の中に入る。箱形の大きな路線バスはどうやって通過するのだろう……と不思議に思い見ていたら、少しスピードを緩めただけでスムーズに通り抜けていった。広場にはホテルやリストランテがあり、村人たちがベンチに座り話し込んでいる。時おり、荷台に干し草を満載したトラクターが走っていく。きっと村を横切った方が近道なのだろう。リストランテの看板や土産物店の商品を見ていたら、まるでドイツを旅しているような気分になった。

ガルダ湖から延びる山道を登って行くと、約50人が暮らす小さな村が現れた。斜面に石造りの民家が密集して建っている。所々トンネルになっているところもあり、そんな薄暗い世界を歩いていたら、まるで洞窟にでも迷い込んだかのような気分になった。壁に描かれたイエス・キリスト、飾られたアンティークの時計など、一つ一つが不思議な存在感をもって心に迫ってくる。車で3分ほど北上した所に、エメラルドグリーン色をした美しいテンノ湖があった。水際にはたくさんのマスが泳いでおり、近づいても逃げなかった。

トレンティーノ・アルト・アディジェ州
Trentino Alto Adige

カナーレ・ディ・テンノ
Canale di Tenno

中世の田舎家体験が楽しめる、水に恵まれた村

村の名前の「カナーレ」は水路の意。中世後期から造られた水路が今でも残り、アルプスの恵みの豊富で良質な水が地域を潤している。標高約600mに位置し、ガルダ湖のほとりにある。サン・ロレンツォ教会は12世紀のもので、この地域のロマネスク様式の代表的な建築である。また、中世から残る「ポマーティの家」が宿泊施設になっており、中世の田舎家が体験できる。村の周囲に広がるオリーブ畑やブドウ畑も美しい。

MAP P119, P439-D-2

トレンティーノ・アルト・アディジェ州

Trentino Alto Adige

ランゴ

Rango

昔ながらの街並みのおかげで過疎からよみがえった村

ブレッジョ・スーペリオーレ市の一集落であるランゴ村は、標高799mに位置し、名前の語源はケルト語で「限界」。一時は過疎化が進んだが、大きな玄関扉、回廊や置き棚で美しく装飾された昔ながらの田舎家が残る街並みが再評価されている。村は古くからガルダ湖とソーレ峡谷を結ぶ道の途上にあり、周囲にはステニコ城やレストール城をはじめ、古代ローマの地下墳墓があるサンタ・クローチェ教会など、興味深い場所が多数ある。

MAP P119, P439-D-2

山の麓にある牧歌的な村だった。村の入り口にある小さな教区教会を見学した後、路地を歩きはじめる。建物と建物をつなぐ洞窟のようなトンネルがあり、その薄暗い中に玄関がある家もあった。村の中心には水くみ場があり、今も使われているようだった。ある農家の２階には、たくさんのトウモロコシが干してあった。その黄色い色彩は、モノトーンの中でひときわ目立っていた。驚くことに、村には一軒のリストランテがあった。誰が経営し、どんな料理が出てくるのか興味を抱く。残念ながらランチタイムは終わっていたが、次にこの村を訪れたときに真っ先に入ってみようと思った。

トレンティーノ・アルト・アディジェ州
Trentino Alto Adige

サン・ロレンツォ・イン・バナーレ
San Lorenzo in Banale

この地方ならではの家屋と、自然豊かな環境を満喫できる村

7つの集落の集合体としてできた村は、ドロミテ渓谷を背に雄大な自然に抱かれている。村には今でもこの地方特有の家屋が残っており、1階は納屋や家畜小屋、2階は台所、居室、3階、4階は麦打ち場や干し草の置き場として使われている。南側はアーチや回廊となっていて、美しく飾られている。WWF（世界自然保護基金）に保護されているネンビア湖のオアシスや、アダメッロ・ブレンタ自然公園が近くにあり、貴重な自然景観を満喫できる。

MAP P119, P439-D-2

境界がはっきりしなかったので、村を特定するまでにだいぶ時間が掛かってしまった。なだらかな山の斜面に、モダンな建物と歴史ある建物が混在している。開放感があり、スキーリゾート地に似た雰囲気をもっていた。まずは、小さなサン・ロッコ教会（上）に行ってみる。一歩足を踏み入れたとき、祭壇の天井に描かれたフレスコ画の美しさにドキッとした。道を挟んだ反対側に、石造りの古い家屋が立ち並ぶ集落があった。所々に積み重ねられた薪が、雪深い地であることを物語っていた。

村の背後に広がるドロミテ山塊が美しかった。村の中には木組みのバルコニーをもつ民家が立ち並んでいる。トウモロコシなどの収穫物を干すときに使っているのだろう。薪がうず高く積み上げられた民家もあった。村のいたる所に水くみ場があり、蛇口からは水がちょろちょろと流れ出ていた。ある民家の庭先にいたお年寄りたちに、「どこから来たんだい?」と声を掛けられる。日本からだと言うと、とても驚いていた。眩しい白壁をもつサン・ジョルジョ教区教会(中左)に入ってみる。堂内の壁や柱も白く、美しかった。

トレンティーノ・アルト・アディジェ州

Trentino Alto Adige

メッツァーノ
Mezzano

チロル風の古い街並みとドロミテ渓谷の爽やかさを味わえる村

州内の他の村々と同様、メッザーノも過去にオーストリアとイタリアの間で翻弄され続けた。1800年代初めには、ナポレオンの占領やバイエルン地方からの支配を経験し、多くの住民がアメリカへ移住した。村には石と木材で造られた昔のままの家々が残り、タイムスリップした心地が味わえる一方で、ドロミテ渓谷を仰ぐ爽やかな空気と静けさも楽しめる。

MAP P119, P439-E-2

トレンティーノ・アルト・アディジェ州

Trentino Alto Adige

ヴィピテーノ
Vipiteno

ゴシック様式の教会や工房など、13世紀の面影が残る散歩も楽しい村

オーストリアとの国境近くにある、町とも呼べるほどの大きな村。塔に向かって延びる目抜き通りには装飾が施された立派な建物が連なり、所々アーケードになっていた。1階部分には、土産物店やアーティストショップなどたくさんの店が入っている。特に多いのはリストランテとバールで、どこも観光客で賑わっていた。個性ある出窓のデザインを楽しみながら、正面にそびえたつ塔に向かって歩いて行く。村の手前にウンゼレ・リーベ・フラウ・イン・モース教会(左下)が、南下した山の上にレイフェンスタイン城(中)があった。

13世紀の面影をよく残しているヴィピテーノは、ドイツとイタリアを結ぶ街道沿いに発展した。15～16世紀にかけて、周囲の峡谷から掘り出される銀や鉛で、村は隆盛を極めた。1473年に造られたドーディチの塔を境に「古い町」と「新しい町」の区画に分かれ、美しい村役場庁舎やゴシック様式のサント・スピリト教会、商店や職人の工房などを見学しながらの散歩が楽しい。この村の名産、スペック(生ハムの一種) も絶品である。 MAP P119, P439-D-1

Veneto

ヴェネト州

オーストリア
Bolzano
トレンティーノ・
アルト・アディジェ州
フリウリ・
ヴェネツィア・
ジューリア州
A27
P142 チソン・ディ・ヴァルマリーノ
A28
P134 ボルトブッフォレ
P132 アゾロ
E70
A31
E55
A22
ヴェネト州
A27
A4
A4
E70
Verona
ヴェネツィア
Venézia
Padova
ボルゲット P140
A31
アルクア・ペトラルカ P135
Legnago
モンタニャーナ P136
ロンバルディア州
A13
アドリア海
Ferrara
エミリア・
ロマーニャ州
Modena
0
75km

ヴェネト州

Veneto

アゾロ
Asolo

ロマネスク様式のファサード、ナポレオンゆかりの館など、見どころ満載の村

アゾロという村の名前は、Asylum（隠れ家）というラテン語に由来する。1747年に再建された大聖堂には、ロマネスク様式のファサードがそのまま残っていて、画家ロレンツォ・ロットの1506年の「聖母被昇天」など、貴重な作品を見ることができる。1797年にヴェネツィア共和国が滅んだ際、当地のパスクアーリ家の館に侵攻してきたナポレオンが宿泊した。今では記念の石のプレートが残っている。

MAP P131, P439-E-2

村は小高い丘の上に広がっていた。広場にある有翼の獅子の彫刻が、旅人を迎え入れてくれる。４階建ての建物がある賑やかな通りを歩き、まずはネオ・クラッシック様式のサンタ・マリア・アッスンタ司教座大聖堂（p133中、左中）に行ってみた。白壁をもつ明るい堂内では、４人の村人がお祈りをしていた。村の最も高い所にあるアゾロ城（p133左中）へ登る途中、丘陵の美しさに心奪われ、何度も足を止める。残念ながら城はクローズしており、中に入ることはできなかった。広場にあったリストランテに入り、ホウレンソウと豆で和えたスパゲッティを食べた。香りがよく、とても美味しかった。

ヴェネト州
Veneto

ポルトブッフォレ
Portobuffolè

ヴェネツィアの面影を強く残し、芸術を楽しめる村

リヴェンツァ川のほとりにできた村。14世紀よりヴェネツィア共和国下にあったこの村には、今でも芸術や詩情を愛したその面影がうかがわれ、村のあちこちにヴェネツィアの象徴である獅子の像が見られる。14世紀の村の君主であったガイア家の館にはフレスコ画が残っており、当時の様子がしのばれる。大聖堂は、元はユダヤ教のシナゴーグで、1559年に聖別されたものである。

MAP P131, P439-E-2

石橋を渡り、立派な門を潜って村の中に入る。ほぼすべての通りにアーケードがあった。中から村の風景を眺めると、アーチの石壁が額縁の役目を果たし、村の風景がまるで一枚の絵画のように見えた。通りを走る車、道行く人、ベンチで雑談をするお年寄りを見掛けないので、村内はまるで映画のセットのような静けさに満ちている。さらに路地を歩いて行くと、目の前に広大な牧草地が広がり、近くに豊かな水量を湛えるリヴェンツァ川が流れていた。門の近くで一軒のお屋敷風のホテル&リストランテを発見する。残念ながら午後の時間帯は営業していなかった。

村は緩やかな起伏をもつ山の斜面にあった。まずは、村の入り口に建つサンタ・マリア・アッスンタ教会(左上)に立ち寄ってみた。堂内を見学してから外に出ると、そこには詩人ペトラルカの棺が置かれていた。高台に回り込むようにして延びる石畳の道を登って行くと、リストランテ、バール、ワインショップがある一角に出た。どうやらここが中心になるらしい。シエスタの時間帯だったが、一軒だけ開いているリストランテがあったので入ってみる。「地元の料理を食べたい」と言ったら、豚肉、豆、キノコ、インゲンを使ったスパゲットーニが出てきた。肉と野菜のうまみが生きており、とても美味しかった。

ヴェネト州

Veneto

アルクア・ペトラルカ

Arquà Petrarca

詩人ペトラルカの名を冠し、あちこちにその存在を感じることができる村

イタリア語の父とも呼ばれる詩人で人文主義者のフランチェスコ・ペトラルカにちなんだ名をもつ村。1370年から亡くなる1374年まで、詩人は緑豊かな丘陵にあるこの村を愛し、終の棲家とした。現在でもペトラルカの住んでいた家が残っており、彼が丹精した畑や庭も見ることができる。サンタ・マリア・アッスンタ教会には墓地があり、立派な棺は、ヴェローナ産の赤大理石で作られている。また、詩人の名を冠したペトラルカ広場には、15世紀のヴェネツィアン・ゴシック様式の貴族の館がある。

MAP P131, P439-E-3

ヴェネト州
Veneto

モンタニャーナ
Montagnana

2kmにわたる石壁で囲まれた、有名画家が描いた村

村の大聖堂にあるジョルジョーネの作品「ダヴィデ」と「ユーディット」は必見である。ここでは1555年のヴェロネーゼ「キリストの変容」も見ることができる。現在は役場庁舎として使われているサン・ミケーリ宮は1538年に建てられたもので、美しい彫刻が施された議会場の木製の天井が印象的である。

延々と連なる中世の石壁（p137右下）に驚いた。北側の門を潜って村の中に入る。ポルティコ（アーケード）を歩いて行くと大きなヴィットリオ・エマヌエレ２世広場に出た。まず目に飛び込んできたのが巨大なモンタニャーナ大聖堂(p137左下)。主祭壇の天井に描かれた「聖母被昇天」（p139上)、「キリストの変容」、翼廊の礼拝堂を飾る彫刻と絵画(p138）……そのどれもが素晴らしく、この壮麗な芸術を一人で鑑賞していることがとても贅沢なことのように思えてきた。感動の余韻を引きずりながら村内を歩く。土産物店は少なく、観光地化はしていない。西門(p137上）の近くにあったリストランテに入ってみる。生ハムとトマトソース和えのペンネはとても美味しく、一生思い出に残る味だった。またいつか必ずこの村を訪れようと心に誓った。

MAP P131, P439-D-3

PANIFICIO
ARTIGIANALE

ヴェネト州
Veneto

ボルゲット
Borghetto

古くから交通の要衝として注目され、今は美しい景色を誇る村

マントヴァとヴェローナの間にあるガルダ湖の南に位置する。時の有力者であったゴンザガ家、スカリジェリ家、ヴィスコンティ家が覇権を競った。さらにナポレオン軍との戦いやイタリア国家統一運動の戦いもこの地で行われた。今でも14世紀にヴィスコンティ家支配下に造られた橋とダムの建造物が残され、ミンチョ川の水辺の美しい景色を形作っている。

MAP P131, P439-D-3

村は、ガルダ湖から流れるミンチョ川とその支流に挟まれるように位置していた。車を乗り入れるとギシギシと音がする木の橋を渡って村の中に入る。歴史ある建物があるのは、川沿いのほんの一角だった。中州に数軒の民家が建ち、まるでヴェネツィアのような景観を作り出している。観光客の姿もちらほら見掛け、その多くがオープンテラスのリストランテで食事と会話を楽しんでいた。祭壇に3体の聖人の彫刻が置かれたサン・マルコ・エヴァンジェリスタ教会を見学した後、高台にある13世紀に建てられたスカリジェロ城(右中)へ行ってみる。誰も住んではおらず、塔の周りを自由に見学することができた。

gelateria

24
ENTRATA LIBERA
MOSTRA di PITTURA
ESPONE
LUCIANO OLIOSO

ヴェネト州

Veneto

チソン・ディ・ヴァルマリーノ

Cison di Valmarino

12世紀に要塞だった城が生まれ変わった、美しい村

かつてヴァルマリーノ公爵領であった村は、12世紀に要塞として造られた城に見守られている。要塞はブランドリーニ公爵によってルネッサンス期に美しい城に改築され、現在は豪華なホテルに生まれ変わっている。村中心のローマ広場には、現在役場庁舎になっているバルビ家の館や、1600年代の回廊などがある。リュージョ川に沿って続く「水の道」をたどり、古い水車小屋や水にまつわる遺跡を見るのも楽しい。

MAP P131, P439-E-2

村に入り川沿いの道を歩いて行くと、清潔感ある小さな広場に出た。2軒のカフェがあり、どちらも競い合うようにたくさんの花を飾っている。向かいにはサンティ・ジョヴァンニ・バッティスタ・エ・マリア・アッスンタ教会(中)の鐘楼がそびえたっていた。坂を登って教会の正面に回り、扉を開けて中に入ってみる。真っ白な壁面と中柱は手の込んだ彫刻と絵画で装飾され、特に身廊の天井に描かれたたくさんの天使がいるフレスコ画が素晴らしく、首が痛くなるまで見つめていた。この美しい聖なる村との出会いを神に感謝した。

Friuli Venezia Giulia

フリウリ・ヴェネツィア・ジューリア州

フリウリ・ヴェネツィア・ジューリア州
Friuli Venezia Giulia

コルドヴァード
Cordovado

ルネッサンス様式の館、バロック芸術の至聖所など、貴重な美と出会える村

コルドヴァードの歴史は、ローマ人が紀元前２世紀にこの地域に広がっていた沼沢地を干拓してアクイレイアという村を創ったことに始まる。フレスキ・ピッコローミニ家の館は、典型的なルネッサンス様式の館であり、３階建ての門構えが立派な堂々とした建築である。また、マドンナ・デッレ・グラツィエ至聖所は、バロック芸術の宝石と呼ばれ、黄金の天井や祭壇画、漆喰の像などが美しい。

MAP P143, P439-E-2

他の村と比べ、教会と礼拝堂が多い気がした。時計台にもなっている塔の門を潜り村の中に入ると、幅の広い石畳の道が延び、壁に蔦が絡まる古い民家が連なっていた。車が規制されているため、村人たちは徒歩や自転車で移動している。その後、道沿いに点在する教会を巡っていく。15世紀に建てられたサンタンドレア教区教会(右中、左下)だけ扉の鍵が開いており、堂内を自由に見学することができた。石造りの建物だったが、天井の梁、説教壇などは木でできている。黄色いライトに照らされた、暖かみのある空間だった。

ファガニャ
Fagagna

イタリアの農民文化に興味がある人におすすめ、貴重なフレスコ画も残る村

村の中心部には、2つの城（1つは城跡のみ）と重要な教会が残る。城跡の最も古い部分は11世紀に遡ることができ、ヴィッラルタ城は、1216年の塔と狭間を備えた防壁に囲まれている。現在は個人所有になっているため、外からのみ見ることができる。農民博物館では、農家の各部屋が再現されており、寝室の炉床から穀物倉庫まで見学できる。また、14世紀の建築のサン・レオナルド教会では当時の貴重なフレスコ画が保存されている。

MAP P143, P439-F-2

村の中を一通り巡った後、階段を登って村の高台まで行き、村を俯瞰で眺めた。煉瓦の屋根が連なる統一感ある風景は、見ていて飽きなかった。別の道を通って下って行くと、ブドウ畑が広がっていた。パチンパチンと鋏の音が聞こえてきたので畝を覗いてみると、一人の農夫が剪定作業をしていた。挨拶をしたが気づかなかった。近くには農民博物館があり、入り口に木製の荷車が置かれていた。しかし、誰もいなかったので、中を見学することはできなかった。美しい白壁と高い鐘楼をもつ聖使徒ピエトロ・エ・パオロ大聖堂（左中）に行ってみる。併設する墓地には、たくさんの生花が供えられていた。

グラディスカ・ディソンツォ
Gradisca d'Isonzo

堅固な城塞に守られ続け、今は美しい庭園を楽しめる村

スロヴェニアとの国境に近い村。1400年代にはヴェネツィア共和国、1600年代はオーストリア、1800年代にはハプスブルク家の支配下に置かれた。500年も堅固な城塞に守られていた村は、現在では庭園の広がる美しい村となった。中心部にはチョッティ通りをはじめ、各所で歴代の支配者や貴族たちの邸宅が見られる。バロック様式の大聖堂(ドゥオモ)や1400年代終わりに建てられたアッドロラータ教会も美しい。

村の入り口となる広場には、大きな噴水と有翼の獅子のコラム(円柱形の塔)があった。幅の広い目抜き通りが村の奥へと続き、建物の1階部分には生活雑貨店、洋品店、バールなどの店が入っている。多くの店に、夏の強い陽射しを遮る日よけがあった。サンティ・ピエトロ・エ・パオロ大聖堂(p147中、下)に入ってみる。聖母マリアが幼児キリストを抱きかかえる像に最も心が奪われた。村の外れまで行くと、廃墟とも呼べる大きな城(p147右上)があった。入り口には頑丈な鍵が掛かっており、もう何年も人を寄せ付けていないような雰囲気が漂っていた。

MAP P143, P439-F-2

フリウリ・ヴェネツィア・ジューリア州

Friuli Venezia Giulia

ヴァルヴァゾーネ
Valvasone

広場の周りを貴族の館が囲み、美味しい名物に恵まれた村

村の中心であるメルカート広場には、いくつもの貴族の館が面している。中世の建物を改築した現在の村役場庁舎もその一つ。美しいアーケードが保存され、その正面には1515年にペストの終焉を願って描かれたフレスコ画が残っている。通り沿いには水車小屋も残り、さらに1500年代のアーケードのある建物には1672年と刻まれた古い食堂がある。名産のモンタシオチーズや酢漬けのサラミ、さらにワインも有名である。

パステルカラーの建物が連なる大きな村だった。まずは、15世紀に建てられたゴシック様式のサンティッシモ・コルポ・ディ・クリスト大聖堂(上)に入ってみる。まず目に飛び込んできたのが、フレスコ画が描かれた木製のケースに収まったパイプオルガンだった。壁に飾られた絵画も素晴らしかった。村の中には綺麗な水が流れる水路があり、水車は今でも回転していた。ちょうど昼時だったので、広場で見つけた「タボダ・カルダ」というリストランテに入ってみる。シンプルな挽き肉のスパゲッティを食べた。

MAP P143, P439-E-2

フリウリ・ヴェネツィア・ジューリア州

Friuli Venezia Giulia

クラウイアーノ

Trivignano Udinese Borgo di Clauiano

15世紀の建物が並び、教会には貴重な洗礼盤が残る村

14世紀の建物サン・マルコ教会には、当時のフレスコ画が一部分残っている。サン・ジョルジョ教会には、ピエトロ・ダ・カローナの手になる1500年代の洗礼盤の傑作が保存されている。また、ボルゴ・サン・マルティーノ通りは、15世紀の建物が並んでおり、村で一番古いガルデッリーニ家の建物が残る。さらに、ヴェネツィア共和国貴族の別荘だったマニン家の邸宅は、1700年代からはワイン貯蔵所として使われている。

MAP P143, P439-F-2

道の両脇に民家が立ち並ぶ小さな村だった。建物の造りは似ているが、玄関扉のデザインには個性がある。数本の路地が交わる場所は広場になっており、綺麗に小石が敷き詰められていた。村の郊外にあるサン・マルコ教会（上）へ行ってみようと思った。農家からトラックに乗って出てきたおじさんに道を尋ねると、トウモロコシ畑に向かう未舗装道路を指さした。その道を500mほど行くと、木々に囲まれた静かな場所に石造りの聖堂がポツンと建っていた。

なだらかな起伏をもつ山の麓に、数軒の民家が寄り添うように建っていた。背の高い鐘楼をもつサン・ロレンツォ教会（下）が一際目を引く。この村を訪れたのは真冬の1月中旬、庭や窓辺にクリスマスの飾りが残されていた。小高い山の上にある古城に行く道を尋ねようと案内所に立ち寄ってみたが、当然この時期はクローズしていた。2kmほど東へ移動し、トラヴェージオ村を訪れる。特に見学するような歴史的建造物は見つからなかったが、小学校の庭で寒さを忘れ元気に遊ぶ子供たちの姿が印象に残った。

フリウリ・ヴェネツィア・ジューリア州
Friuli Venezia Giulia

トッポ
Travesio Borgo di Toppo

中世の農村の面影を強く残し、今はサイクリングがおすすめの村

トッポはトラヴェージオ村の一集落である。近年部分的に修復された丘の上にある城から見下ろすと、中世の農村集落の形をよく残しているのがわかる。城は12～14世紀の重要なフリウリ地方の城塞建築の例であり、見学できる。1500年代には領主が麓のトッポ・ワッセルマン館に居住するようになったため、城は廃れていった。トッポから城を通ってトラヴェージオに行く道には自転車道が整備され、サイクリングが楽しめる。

MAP P143, P439-E-2

フリウリ・ヴェネツィア・ジューリア州

Friuli Venezia Giulia

ポルチェニーゴ
Polcenigo

14世紀の大きな鐘楼をシンボルとして、領主たちの館が並ぶ村

800年代に起源をもつ城に守られていた村。城は1700年代にヴェネツィア貴族の別荘として再建されたが、現在では外壁とサン・ピエトロ教会の一部を残すのみとなっている。村の広場には1500～1700年代の村の領主たちの館が並ぶ。フッリーニ邸の内部には1700年代の化粧漆喰が残る。また、14世紀のサン・ロッコ祈禱所は大きな鐘楼が見事である。

MAP P143, P439-E-2

山の中にポツンと位置する小さな村だった。村を切り裂くように豊かな水量を湛える川が流れている。教会前の小さな広場には、野菜や果物を売る移動販売車が来ており、村人たちが買い物を楽しんでいた。川沿いにある小径を登って行く。豊かな緑に抱かれた民家の連なりは、まるで中世の片田舎を再現した箱庭のような美しさがあり、歩みをとめ何枚も写真を撮った（p18-19）。立派な鐘楼と回廊をもつサン・ジャコモ修道院教会（右中）を見学した後、さらに山道を歩き、山の上に建つ城（下）まで行ってみる。中には自由に入ることができたが、天井はなく、壁があるだけの廃墟だった。

フリウリ・ヴェネツィア・ジューリア州

Friuli Venezia Giulia

セスト・アル・ラゲーナ

Sesto al Reghena

美術品が多く残る大聖堂を中心に、農園に囲まれた村

ローマ時代以前、都市を結ぶ幹線道路沿いの軍事拠点であった村。8世紀前半にランゴバルド族により造られたベネディクト会のサンタ・マリア・ディ・セスト大聖堂がある。1700年代までは跳ね橋だったグリマニの塔を潜り中に入る。州内で最も重要な修道院の一つで、院内の教会にはジョットの工房による14世紀のフレスコ画など数々の貴重な作品がある。また、村の水路や農園風景を見ながらの散歩も心地いい。

MAP P143, P439-E-2

清潔感のある門（左下）を潜って村の中に入る。200mほど歩くとまた別の門（p155下）があり、その先に時計がはめ込まれた鐘楼とサンタ・マリア・ディ・セスト大聖堂（p155上、中）があった。重厚な木の扉を開けて堂内に入ってみる。身廊の天井の高さに驚き、壁や柱の隅々まで描かれた繊細なフレスコ画に感動した。さらに奥には、棺が置かれた部屋があった。夏の陽射しを感じながら、川沿いの遊歩道を歩いて行く。川の中には水草がゆらゆらと動き、その上で2匹の蝶がじゃれ合うように飛んでいる。まるでお伽の国のような「美しい村」だった。

フリウリ・ヴェネツィア・ジューリア州
Friuli Venezia Giulia

ポッファーブロ
Poffabro

職人の仕事が生きる名産品と、岩を削り建てた家並みが残る美しい村

フリザンコ市の一集落である村は、17～18世紀のヴェネツィア共和国の資料に税金滞納の記述が出てくるほど貧しかった。岩を削って建てられた村の家々は3～4階建てで、木製のバルコニーが特徴的だ。村では職人が作るビロード地のスリッパや籐製品が名産である。また、「フリコ」という塩漬けにしたチーズのフライ、サラミ類が味わえる。村はドロミテ・フリウラーネ州立公園の一部を成しており、美しい景観も存分に堪能できる。

MAP P143, P439-E-2

山の中に木や石造りの民家が建つ、素朴さを絵に描いたような村だった。一軒だけ4階建てでバルコニーがある大きな建物があった。かつてホテルとして営業していたのかもしれない。サン・ニコロ教会（左上、左中）の中に入ってみる。祭壇の上に飾られた大きな金の王冠にびっくりした。村の中にある石畳の路地はまるで迷路のようだった。水音が聞こえてくる方に行ってみるが、樹木が鬱蒼と茂っており、川の流れは見ることができなかった。山へと続く小径に、キリストの生涯が彫られた石の彫刻が置かれていた。

Emilia Romagna

エミリア・ロマーニャ州

エミリア・ロマーニャ州

Emilia Romagna

ボッビオ
Bobbio

大修道院を中心に、ロマネスク様式を堪能できる村

ボッビオの歴史は、紀元前14年にローマ人がトレッビア川の左岸に居を構えたことから始まる。通商の重要な通過点であったボッビオの大修道院は、9世紀にはロマネスク様式の第一司教座大聖堂とされるほどになり、権力と多くの富をもった。大修道院には中世前期の最も重要とされている図書館がある。現在の建物は11世紀の教会の上に建てられた15世紀のものである。ヴェッキオ橋は、ロマネスク様式の全長280mの橋である。

MAP P157, P438-C-3

周りを山に囲まれた大きな村で、すぐ横にはトレッビア川が流れていた。シエスタの時間帯なので目抜き通りはひっそりとしている。オープンしているリストランテを見つけ、手打ちパスタを食べて時間を潰す。午後4時を過ぎると、食料品店、ブティック、画廊、靴店、宝石店などの店が次々と営業をはじめ、活気が戻ってきた。小説『薔薇の名前』のモデルになったとされるサン・コロンバーノ修道院（p159右上）をはじめ、村の中には3つの大きな教会があった。サンタ・マリア・アッスンタ大聖堂（左中）の高い鐘楼は、路地を歩いているときに必ず目に飛び込んでくる。最後に、長い石橋を歩いて川の対岸まで行き、村の全景を眺めた。

村のシンボルである優美な時計塔は、広場への門になっていた。小石と芝生に覆われた広場にはベンチが置かれ、村人たちの憩いの場になっている。荘厳なサンタ・マリア・デッラ・ネーヴァ教会(中、下)に入ってみる。側廊には6つの礼拝堂が置かれ、パドヴァの聖アントニオなど聖人たちを描いた宗教画が飾られていた。5分ほど歩いた場所に、どっしりとしたたたずまいのサンタンドレア教会(p161下)があったが、残念ながら堂内に入ることはできなかった。広場の近くに雰囲気のいいホテルがあったので、部屋を確保する。併設のリストランテでシーフードスパゲッティを食べた後、もう一度広場に戻り、夜景の美しさを楽しんだ。

エミリア・ロマーニャ州

Emilia Romagna

グアルティエーリ
Gualtieri

「イタリアで最も美しい広場の一つ」と称されるベンティボリオ広場が自慢の村

ポー川流域に位置し、コルネリオ・ベンティボリオによってこの地域は干拓された。この功績をたたえられ、ベンティボリオはグアルティエーリの領主となり、侯爵の地位を授けられた。村で一際目を惹くのがベンティボリオ広場とその館で、美術史家のチェーザレ・ブランディが「イタリアで最も美しい広場の一つ」と表現した。ベアータ・ヴェルジネ・デッラアッヌンチャッツィオーネ至聖所は、1600年代の教会で漆喰の装飾が美しい。

MAP P157, P439-D-3

エミリア・ロマーニャ州

Emilia Romagna

カステラルクアート

Castell'Arquato

塔や鐘楼など、魅力的な建築物に恵まれた村

アペニン山脈に向けて丘の間の田舎道を進んで行くと、緑の間に村の塔や鐘楼が見えてくる。丘を登りきったところにある広場には、魅力的なモニュメントが多数ある。聖堂参事会の教会（コッレッジャータ）は村で最も古い教会で、756年には洗礼をする祈禱堂の役割を担っていた。1342年建造のヴィスコンティ要塞は防壁だけでなく、4つの塔も残っている。さらに、1292年の司法長官の館であったポデスタ宮は狭間胸壁の装飾が美しい。

MAP P157, P438-C-3

村には4つの高い塔があったので、遠くからでもすぐに村の場所がわかった。川沿いの駐車場に車を停め、村へと続くS字の坂道を歩いて行く。途中、精肉店の中を覗いてみると、たくさんのハムとチーズが売られていた。ポデスタ宮（上）とヴィスコンティ要塞がある高台の広場に出た。タイミングよく要塞の門が開いたので、入場料を払って中に入り、塔のてっぺんまで登ってみる。見晴らしがよく、村を一望することができた。営業しているリストランテが見つからなかったので、バールに入った。何か食べるものはあるかと尋ねたら、地元産のサラミを使ったサンドイッチが出てきた。美味しかった。

石畳の道には、白と黒の玉石を上手く使い分けることによって、チェス盤のような美しい模様が描かれていた。所々に咲く真っ赤なバラがいいアクセントになっている。高台には大きなコンピアーノ城（右中）が建っていた。城は四つ星ホテルで、博物館が併設されているようだったが、季節外れでクローズしていた。しかし、たまたまオート三輪でやってきたお爺さんが、「中は真っ暗で見学できないが、外は大丈夫だ」と言って、特別に門の鍵を開けてくれた。敷地内に入り壁に沿って歩いて行くと、大理石で造られた立派な庭があった。

エミリア・ロマーニャ州

Emilia Romagna

コンピアーノ
Compiano

ルネッサンス期に栄え、今も当時の建造物で彩られる村

814年には、カロリング王朝のターロ谷上部を守る要塞があったとされる。13世紀からは、皇帝派の封建貴族ランディ家が426年間というイタリア史の中で最も長い期間この領地を統治した。16世紀のルネッサンス期には貨幣の鋳造の権利ももつなど、村は最盛期を迎える。当時建造された城は村の高台に建ち、15世紀に造られた円形の塔や17～18世紀に改築された他の部分や城を囲む城壁を、現在も見ることができる。

MAP P157, P438-C-3

エミリア・ロマーニャ州
Emilia Romagna

フィウマルボ
Fiumalbo

ケルト人の居住地が色濃く残り、当時の貴重な彫刻を鑑賞できる村

山の斜面に広がる村。村の起源は遥か遠い時代で、ケルト人が居住していた。各家の正面に設えられた悪霊退散のための彫刻が興味深い。オオカミの顔、女性の顔の彫刻がよく知られている。1418年に建てられたサン・ロッコ祈禱堂には、1535年に描かれたサッカッチーノのフレスコ画が保存されている。

MAP P157, P439-D-4

緑豊かな細い山道を行くと、突然視界が開け、村が現れた。Vの字に枝分かれする川に挟まれるように石造りの建物が立ち並んでいる。ここに約1300人が暮らしているという。村の入り口には16世紀に建てられた小さなサン・ロッコ祈禱堂（右下）があり、そこから道が中央の広場に向かって延びていた。雨で黒く濡れた路面が、パステルカラーの家屋を引き立たせている。サン・バルトロメオ教区教会（上）があった。たまたま何かの用事で来ていたおじさんが「ゆっくり堂内を見学していいよ」と言って鍵を開けてくれる。山の中にあるこの村の存在はあまり知られていないのか、滞在中、他の旅人は見掛けなかった。

Osteria
Pizze Vini
Borghetto
Wine Bar

エミリア・ロマーニャ州
Emilia Romagna

サン・ジョヴァンニ・イン・マリニャーノ
San Giovanni in Marignano

15世紀に造られた頑丈な防壁に囲まれ、貴重な彫刻が教会に残る村

この地を支配していたマラテスタ家は、収穫物を守るために防壁と塔を構築した。今でも残る防壁は、1400年代にフィリッポ・ブルネレスキによって造られたものである。サン・ピエトロ教会には、1400年の終わりにニコロ・ロンディネッリが描いた「十字架を持つキリスト」と1754年の彫刻家ドメニコ・タスキーニの手になる主祭壇がある。また、以前は教会であった マッサーリ劇場は、1821年から劇場として使われるようになった。

MAP P157, P439-E-4

時計塔になっている門を潜って村の中に入る。オレンジや黄色に塗られた建物が多いので、歩いていると心までも温かくなってくるような気がした。八百屋の前で地元の野菜を見ていたら、オーナーが話し掛けてきた。「来月この村で祭りが行われるので必ず戻ってくるんだぞ」と言った。サン・ピエトロ教会とオスペダーレ教会を見学した後、路地を歩いてみる。雰囲気のいいリストランテを見つけたが、当然朝の時間帯は営業していなかった。

大きな噴水があるＬ字形の広場には、石がびっしりと敷き詰められていた。建物の1階部分には、土産物店、アーティストショップ、リストランテ、バールが入っている。11世紀に建てられたサンタ・マリア・アッスンタ教区教会（右中）の扉を開けた。赤茶色の煉瓦を積み重ねて造られた堂内は薄暗く、黄色い光に包まれた祭壇が浮かび上がっているように見えた。リストランテに入り、キノコ和えのフェットゥチーネを食べる。崖の上にあるサン・レオ要塞まで行き、入場料８ユーロを払って入ってみる。実際に戦いで使われた銃などの武器が展示してあるせいか、城内の空気が重く感じられた。

エミリア・ロマーニャ州

Emilia Romagna

サン・レオ
San Leo

聖フランチェスコと強い縁をもち、不落の要塞に守られた村

堅固なサン・レオ要塞を擁し、ルネッサンス期にウルビーノ公爵の支配下で不落の要塞として名を馳せた。要塞は高さ600mに位置し、マレッキア川を見下ろし遠くは海まで見渡すことができる。また、13世紀のナルディーニ家の館は、1213年に聖フランチェスコが宿泊した事で有名である。サンティンニェ修道院は聖フランチェスコによって建設されたといわれており、聖人がその下で教えを説いたニレの木の一片が保存されている。

MAP P157, P439-E-4

エミリア・ロマーニャ州

Emilia Romagna

ドッツァ
Dozza

領主一族は残念ながら滅亡したが、その文化遺産が豊かに残る村

堂々としたスフォルツァ要塞は自然や家々と調和して建っている。領主であったマルヴェッツィ・カンペッジ家は1500年代に要塞を邸宅に改造したのち、1960年に一族の最後の子孫が亡くなるまでここを居城とした。現在は公開されており、調度品を見学できるほか、絵画館や州のワイナリーも入っている。また、村では家々の壁に現代アートを描くビエンナーレが有名である。青空の下、作品を鑑賞しながら散歩をするのも楽しい。

MAP P157, P439-D-4

門を潜って村の中に入ったとき、驚いた。民家の壁にたくさんの絵が描かれていたからだ。どれも違う画家の作品らしい。村全体を美術館のようにすることは、村人たちの共通意識があったからこそ実現できたのだろう。絵を楽しみながら目抜き通りをゆっくり移動していくと、大きな円筒形の塔があるスフォルツァ要塞(中、下)が現れた。入場料5ユーロを払い、中に入ってみる。各部屋には中世の調度品が置かれており、当時の暮らしの様子を垣間見ることができた。帰りは裏通りを歩いてみたが、やはりどの民家の壁にも絵が描かれていた。奴《やっこ》と龍の字の凧は、明らかに日本文化を意識したものだろう。

DOZ

SIRONIANA

15000 ITL
POSTE ITALIANE

エミリア・ロマーニャ州

Emilia Romagna

ブリシゲッラ
Brisighella

支配者が替わるたびに強化された防御のなかで、村人の生活を感じる村

岩壁の三枚岩を背にモンティチーノの聖域や時計塔、城塞がそびえたっている。村は防御のために造られた城塞の下に広がり、支配者が替わるたびに守りがさらに堅固にされてきた。1500年初めには、チェーザレ・ボルジアに一時占領された後、ヴェネツィア共和国の軍門に降り、その後は法王支配下に組み入れられるなど激動の歴史をもつ。12～13世紀に造られた高架道路、通称「ロバ通り」は世界的にも珍しく、温泉もある。

MAP P157, P439-E-4

裏通りには、パステルカラーで色分けされた建物が連なっていた。壁は、建物の重さに耐えかねているかのように外側に丸く膨らんでいる。数百年という時の流れを感じた。小さなバイクショップの前で、青年が中古バイクの値段交渉を行っている。300段以上ある急な階段を登り、崖の上にポツンと建つ時計塔まで行ってみた。村が一望でき、さらに向こうの崖の上に建つ要塞や教会も眺めることができた。高架道路「ロバ通り」(上)はどこにあるのだろう……と探してみると、村に入ったときに見た建物の2階部分が回廊になっていた。

PROLOCO
ufficio informazioni
ALGHERI
Arredamenti
DOLCEMIELE
centro estetico
ACCONCIATORI
unisex giorgio e giovanna
CONFARTIGIANATO
servizi s.c.

エミリア・ロマーニャ州

Emilia Romagna

フォンタネッラート

Fontanellato

ルネッサンス期の貴族文化を感じる優雅な雰囲気漂う村

村の心臓部には中世の要塞でルネッサンス期の宮廷であったサンヴェターレ城塞がある。堀に囲まれアーチで飾られた城塞は、軍隊の基地であったにもかかわらず、貴族階級の優雅さを感じさせる。外壁は1386年、四角形の城の形は1400年代の前半に完成した。内部のディアーナとアッテオーネの間には、ルネッサンスの傑作の一つである1524年のパルミッジャニーノのフレスコ画がある。また、村周辺の地域はパルメザンチーズの名産地である。

MAP P157, P438-C-3

サフィニアの花が飾られた門を潜って10mほど歩くと広場に出た。そこには巨大なサンヴェターレ城（p175左中）が建っていた。周りは深い堀に囲まれている。入り口付近だけ見学することができ、門の天井一面に描かれた紋章のフレスコ画が素晴らしかった。近くには、アッスンタ礼拝堂（右上）とサンタ・クローチェ教会があり、村の中心から少し離れた場所に、ファサードの上に何体もの聖人像が置かれた荘厳なベアータ・ヴェルジネ・デル・ロザーリオ至聖所（p175右上）があった。

エミリア・ロマーニャ州

Emilia Romagna

ヴィゴレーノ
Vigoleno

美しい塔、噴水が往時を彷彿とさせる、城壁内の村

ヴェルナスカ村の一集落であるヴィゴレーノは、城の中の村ともいえる造りをしている。村を取り囲む城壁のカーブや狭間胸壁の装飾、塔の美しさは人々を魅了する。長い村の歴史を見守るのは1500年代に造られた噴水で、領主のスコッティ伯爵によって造られた。フォンターナ広場の東側の盛り上がっている部分の地下には水槽があり、その水は城の中に住む者たちに使われていた。中世の村が城壁内で完結した社会であったことが実感できる。

MAP P157, P438-C-3

丘陵に延びる細い道を登っていくと、高台を覆うように連なる城壁が現れた。門を潜って中に入る。噴水が設けられた広場があり、周りには石造りの民家や教会が建っていた。車が一台もないので、まるで中世に迷い込んだような錯覚を覚える。何度も映画の撮影で使われていることに納得した。入場料3.5ユーロを払い、ヴィゴレーノ城内を見学する。受付のおじさんに、「今日も5時ぴったりに閉めたいから10分で戻ってきてくれ」と言われた。城を出た後、路地を歩いて村の反対側まで行ってみる。果てしなく続く広大なブドウ畑を見渡すことができた。

エミリア・ロマーニャ州
Emilia Romagna

モンテグリドルフォ
Montegridolfo

有力な貴族や権力に翻弄されてきた歴史をもち、美術品の傑作が残る村

過去にマラテスタ家、モンテフェルトロ家、ボルジア家といった有力な貴族から支配されただけでなく、ヴェネツィアや教皇といった大きな力に翻弄されてきた。1427年に建設されたサン・ロッコ教会では、17世紀の代表的画家の一人、グイード・カニャッチの作品「聖ロッコ、聖ジャチントと聖セバスティアーノが崇拝する聖母子像」を見ることができ、さらに15世紀のフレスコ画も残っている。村の高みからは、海までの眺望を楽しめる。

MAP P157, P439-E-4

村の入り口にスマートな形をした門(左中)があった。10分もあれば一周できてしまうようなこぢんまりとした村だ。建物は明るい色の石や煉瓦を使って造られており、所々にある赤いシェイドやカーテンがいいアクセントになっていた。庭で遊んでいた子供たちが「チャオ」と挨拶してくれる。路地でリストランテを見つけた。ウエイトレスに「地元の料理を」とオーダーしたら、トマト、バジル、ベーコンを和えたタリオリーニが出てきた。アルデンテで、塩とオリーブ油のうまみが生きた美味しいパスタだった。

エミリア・ロマーニャ州

Emilia Romagna

モンテフィオーレ・コンカ

Montefiore Conca

13世紀にこの地を統治したマラテスタ家の面影を強く残す村

村のシンボル的建築でもあるマラテスタ要塞は、13～15世紀にかけて一帯を支配したマラテスタ家の力の強さをよく表しており、広大な敷地をもつ。今でも1300年代の原形はほとんど変わりなく保たれている。村にはサン・パオロ教会のゴシック様式の扉口やリミニ派の十字架、ベルナルディーノ・ドルチの15世紀の聖母子像の絵、16世紀のルツィオ・ドルチのマドンナ・デッラ・ミセリコルディアの絵など重要な文化遺産が保存されている。

MAP P157, P439-E-4

ヴェネト共和国に属していたこの村はサン・マルコ共和国の近くに位置していた。まず、高台に建つ大きなマラテスタ要塞（上）が目に飛び込んでくる。門を潜った所に案内所があった。スタッフの女性はとても喜んでくれ、地図の他に山ほどのパンフレットをくれた。お勧めの教会に行ってみる。暖かみのある光が灯るサン・パオロ教会（右中）、横たわるキリストの像が置かれたオスペダーレ教会（右下）、どちらも震えがくるほど感動した。可愛らしい建物のアーティストショップを見つけた。中を覗くと、陶芸作品が売られていた。

Toscana

トスカーナ州

中部

Modena
エミリア・ロマーニャ州
ボローニャ
Bologna
Ravenna
アドリア海
カスティリオーネ・ディ・ガルファーニャーナ P190
La Spézia
バルガ P186
コレッリア・アンテルミネッリ P192
E35
スカルペリア, サン・ピエロ P182
サンマリノ
San Marino
フィレンツェ
Firenze
E76
E80
A11
リグーリア海
A12
Pisa
P200 ポッピ
マルケ州
P184 カステルフランコ・ピアンディスコ
P203 ローロ・チュッフェンナ
Livorno
P180 アンギアーリ
A12
Arezzo
トスカーナ州
E35
P193 モンテスクダイオ
Siena
A1
ペルージャ
Perugia
P185 ブオンコンヴェント
P204 スヴェレート
Piombino
P208 チェトーナ
ウンブリア州
P183 サン・カシャーノ・デイ・バーニ
Grosseto
P202 ソヴァーナ
P194 ピティリアーノ
P206 ポルト・エルコレ
Orbetello
P198 ジッリオ・カステッロ
Viterbo
ラツィオ州
ティレニア海
地中海
Civitavecchia
0
50km
ローマ
Roma

トスカーナ州
Toscana

アンギアーリ
Anghiari

ダ・ヴィンチが フレスコ画に描き、 フィレンツェ共和国の 一都市として栄えた村

レオナルド・ダ・ヴィンチがフィレンツェのヴェッキオ宮で描いたといわれる消えたフレスコ画は、1440年6月にこの村で起こった戦いがモチーフになっている。村は1385年からフィレンツェ共和国の一都市として発展した。領主やフィレンツェからの代理人の住まいであったプレトーリオ宮には、元々の建物に使われていた歴代の領主の紋章をかたどった素焼きや石が飾られている。また、アーケードの下には大きなフレスコ画も残っている。

MAP P179, P440-C-2

町とも呼べる大きな村は、傾斜のある丘の斜面に広がっていた。目抜き通り沿いの民家は段々になって建てられている。平日であるにもかかわらず、広場には肉、チーズ、花、服、バッグなどを売る屋台が出て、地元の人で賑わっていた。お爺さんが10分以上も肉の品定めをしていたが、結局この店では何も買わなかった。路地に入ると途端に静かになる。果物や花、雑貨を売る店もあったが、客は一人もいない。アンティークショップ(右中)のショーウィンドウを眺めていたら、オーナーが「中に入って好きなように写真を撮っていいぞ」と言い、旅人を招き入れてくれた。

TESSUTI CONFEZIONI

トスカーナ州

Toscana

スカルペリア、サン・ピエロ

Scarperia e San Piero

中世から刃物の名産地として知られる村

アペニン山脈の足元にあることから、「靴（スカルパ）」にちなんだ名が付いた。村は刃物の名産地で、中世から職人工業が発展した。小さなナイフから貴族の芸術的な剣までさまざまな種類の刃物が作られてきた。村の中心部に位置するヴィカーリ宮は1300年代に基礎が造られた建物で、要塞の役目も担っている。刃物のコレクションのほか、ギルランダイオ工房による1554年の「聖母子と聖人」、デッラ・ロッビア工房の作品が保存されている。

MAP P179, P440-C-1

村の入り口から広場へと続く道には、たくさんの店が連なっていた。食料品店や衣料品店など地元の生活に結びつく店が多かったが、その中にナイフショップが２軒もあった。シエスタの時間帯でどちらもクローズしていたが、次回この村を訪れたときは職人たちに会ってみようと思った。日当たりのいい広場には、サンティ・ヤコボ・エ・フィリッポ聖堂とヴィカーリ宮（上、中）が向かい合うようにして建っていた。宮殿の壁には紋章が彫られたプレートがたくさん埋め込まれている。入り口の天井には見事なフレスコ画があった。

トスカーナ州

Toscana

サン・カシャーノ・デイ・バーニ

San Casciano dei Bagni

2000年の入浴の習慣を継承し、今もテルメセンターで温泉を楽しめる村

「バーニ」とは浴場のこと。ヨーロッパで3番目の湯量を誇ったこの温泉は、紀元前5世紀頃からエトルリア人の温泉地として知られていた。ローマ人にも入浴の習慣は引き継がれた後、キリスト教の影響ですたれたものの、2000年の時を経た今でも村には「フォンテヴェルデ」テルメセンターがあり、温泉を楽しむことができる。また、コンチェツィオーネ教会には、16世紀後半のポマランチョ作の貴重なフレスコ画が保存されている。

MAP P179, P440-C-2

村の周りには樹木が生い茂っていた。石畳の路地を歩いていたら、15世紀に建てられた小さなコンチェツィオーネ教会(左上)を見つけた。6つの長椅子しか置かれていない神聖な空間で、フレスコ画が描かれた漆喰の祭壇の横には6人の天使がいた。夏の陽射しはきつく、帽子は必要。広場のベンチで涼んでいたら、道路工事をしていたおじさんが、「旅人にぜひ見せたいものがある」と言って路地を歩きだし、やがて「あれだ」と言って壁を指差した。そこには聖人の小さな顔の像(左中)があった。

トスカーナ州

Toscana

カステルフランコ・ピアンディスコ
Castelfranco Piandiscò

フィレンツェ共和国の面影を色濃く残す古い村

エトルリア時代に起源をもつ。アレッツォとフィエーゾレ（フィレンツェ）を結ぶ古い街道沿いにあり、3世紀前後にローマの支配下に置かれた。紀元前217年カルタゴのハンニバルもこの道を通り、ローマに進軍したといわれる。13世紀初めからフィレンツェ共和国に属し、この時代に現在の村の中核をなす村役場の建物、城壁、広場が完成した。役場庁舎の議場には「マドンナ・デル・ラッテ（乳の聖母）」のフレスコ画が保存されている。

MAP P179, P440-C-2

国旗が下がる塔を潜って村の中に入った。中央には正方形の広場があり、そこから東西南北に道が延びている。通りにはたくさんの村人たちが歩いていた。人と人がすれ違うときに必ず立ち話をする光景は、見ていて心地よかった。路地の一角で、12世紀からこの場所にあるという教区教会（左中）を見つけた。ちょうど礼拝が終わったところで、堂内から次々と村人たちが出てくる。人々の温もりがまだ残る堂内に入り、小さなパイプオルガンがある祭壇と、聖人たちを描いた絵画を鑑賞した。

トスカーナ州
Toscana

ブオンコンヴェント
Buonconvento

豊かな土壌に恵まれ、美しい田園風景に囲まれた村

13世紀の美しい城壁が取り囲むこの村は、アルビア川とオンブローネ川が合流し、フランチジェーナ街道が通る交通の要衝だった。シエナを消費地に抱え、ワインや豊かな土壌の恵みのおかげで発展した。14世紀の塔が控える領主の館には、その25もの紋章が正面のアーチ部分を飾っている。また全て煉瓦造りのターヤ宮は、1700年代の建築で迫力がある。周辺には美しい田園風景が続き、農家民宿で地元の特産品に舌鼓を打つのも最高である。

MAP P179, P440-C-2

村の中には、地元の人や観光客が集う賑やかな通りがあった。トラットリアやバールも多い。2階の窓からこちらの様子を窺うお婆さんと目が合ったので挨拶をする。「門の方から村を眺めるといい写真が撮れるわよ」とアドバイスをくれた。案内所でパンフレットと地図をもらった。スタッフの女性が、2階が美術館になっていると教えてくれた。せっかくだったので、入場料3.5ユーロを払い中に入ってみる。キリスト教に関するたくさんの絵画や彫刻が展示された素晴らしい宗教美術館だった。

トスカーナ州

Toscana

バルガ

Barga

石灰岩のドゥオモと、美しい15世紀の祭壇画が見どころの村

ローマ時代からの歴史を誇り、12世紀からはフィレンツェの保護のもと発展した。村の造りはおおよそ12～14世紀のまま残っている。村の一番高い場所には重量感のあるドゥオモが建つ。ファサードはロマネスク様式で、11～16世紀にかけて地元の粘土質の石灰岩を切り出して造られた。サンタ・エリザベッタ音楽学校は、昔のクラリッセ修道院であった建物で、1400年代のデッラ・ロッビア工房による美しい祭壇画が保存されている。

MAP P179, P440-B-1

村の中は坂道が多かった。息を切らしながら上へ登って行くと、サン・クリストフォロ教会（p187中下）にたどり着いた。3身廊の堂内は開放感があり、祭壇の近くに彫刻が施された説教壇（p187右下）が置かれていた。広場は見晴らしがよく、彼方に標高1171mのパロディーナ山（p189）がそびえていた。路地で見つけたリストランテに入り、トマトソースで和えたフェットゥチーネを食べる。石橋の先にあった三つ星ホテルの部屋を取った。家族経営の宿で、ご主人も娘さんもとても感じがいい。写真家だと言ったらとても喜んでくれ、村を一望できる最上階のバルコニーまで連れて行ってくれた。

ARTEIMMAGINE
Studio

トスカーナ州
Toscana

カスティリオーネ・ディ・ガルファーニャーナ
Castiglione di Garfagnana

サン・ミケーレ教会は外観も内部も必見、ローマ時代の城をもつ村

ローマ時代に城が築かれたことが起源で、12世紀からピサ、ルッカ、モデナ、フィレンツェなどの勢力争いの中で歴史を刻んだ。今も残る城壁は1371年に新たに拡張された部分や跳ね橋、見張り塔で、村の象徴である。中心部で目を惹くのはサン・ミケーレ教会で、1403年に聖別された。ファサードは後期ゴシック様式で、赤や白の大理石が使われている。内部にはジュリアーノ・ディ・シモーネ作「聖母子」など貴重な芸術作品が保存されている。

広場には村人たちが集まっていた。案内所があったので、スタッフの女性から地図をもらう。まずは路地を歩いてサン・ミケーレ教会（左下）へ行ってみる。今にも崩れ落ちそうな大理石の壁を見て、長い時の流れを感じた。城壁の入り口へ足を運ぶと、先ほどのスタッフと鉢合わせした。これから城壁を歩くツアーを行うということだったので、早速参加することにした。城壁の最も高い所は見晴らしがよく、村周辺に広がる牧歌的な風景、背後に連なるトスカーナの山並みを一望することができた。村には宿がなかったので、車で5分ほど移動した所で見つけた一泊50ユーロのホテル（p191右中）に宿泊した。

MAP P179, P440-B-1

Polini - Angelini

トスカーナ州
Toscana

コレッリア・アンテルミネッリ
Coreglia Antelminelli

山肌に張り付くように立ち並ぶ美しい街並みが多くの芸術家に愛された村

背後にアペンニーノ・トスコ・エミリアーノ山脈、前方にアプアーネ山脈、セルキオ渓谷を望む村。その街並みは、1883年にデザイン造形学校が創設されたこともあり、多くの芸術家や詩人、学者に愛された。今でも文学、童話、彫刻コンクールが行われている。サン・ミケーレ教会は1000年頃建設され、その鐘楼は、かつての城塞とその塔が改築されたものである。ドイツからの影響が見られる1400年代の木製の磔刑像が美しい。

MAP P179, P440-B-1

山道を登っていくと視界が急に開け、まるで絵ハガキのようにまとまりのある村の全景が目に飛び込んできた。村の中はとても静かで、通りを歩いている村人は誰一人として見掛けない。リストランテはどこにもなかった。アンティークショップのショーウィンドウや所々に置かれた彫刻に視線を投げながら石畳の道を歩き、立派な鐘楼をもつサン・ミケーレ教会まで行ってみる。そこで折り返し、路地を歩いていたら、たくさんのベゴニアやバラを植え、デザインにも凝った庭を見つけた。椅子に座り新聞を読んでいたこの家の主人が、「写真を撮ってくれてありがとう」と喜んだ。

トスカーナ州

Toscana

モンテスクダイオ

Montescudaio

「盾持ちの山」に位置し城壁に囲まれた、ワインで有名な村

リグーリア海とその島々を一望でき、一番高いところで15mにもなる城壁に囲まれた村は、チェチナ渓谷の緩やかな傾斜の丘に位置する。「盾持ちの山」が村の名前の由来といわれる通り、戦略的な位置にあった。1479年にはピティンニャーノとの戦いで城が破壊され、1846年には地震により2度目の被害を受けるが、村民の努力とトスカーナ大公国の献金で10年間かけて再建された。村はその名前を冠するワインでも有名である。

MAP P179, P440-B-2

オリーブ畑に延びる道を行くと、小高い丘の上に小さな村が現れた。まるでトスカーナの眩しい陽射しに染められたかのような、オレンジ、ライトイエロー、アイボリーの明るい色の民家が多く建っていた。ドアや窓の周りに花を飾ったり、大きな鉢植えのオリーブの木を置く民家もあり、歩いていて楽しい。階段を登って村の最も高い場所に行くと、急に視界が開け、180度見渡すことができた。しかし、サンタ・マリア・アッスンタ教会は大規模な修繕工事中で、建物は足場とカバーに覆われていた。村のシンボルの教会はどんな姿に生まれ変わるのだろう。次にこの村を訪れるときの楽しみが一つ増えた。

トスカーナ州
Toscana

ピティリアーノ
Pitigliano

新石器時代の人の足跡が残るほどの長い歴史を誇る村

「凝灰岩の文明」といわれるほど岩の上にそびえたつ姿が圧巻なピティリアーノには、新石器時代の人の足跡が残っている。紀元前8世紀のエトルリア、その後のローマ時代の建築物も残る。1188年には伯爵所有の要塞都市として記録されている。1313年の文献にオルシーニ家が村の領主として登場してからは、長きにわたり村はこの領主の下、歩むこととなった。今でもオルシーニ家にちなんだモニュメントが数多く見られる。

MAP P179, P440-C-3

田舎道を車で走って行くと急に目の前の視界が開け、村の全景(p196上)が目に飛び込んできた。土色をした建物が寄り集まっているので、乾燥大地にある巨大な要塞のようにも見える。村はさぞかし観光地化しているだろうと思ったが、村の中はいたって普通だった。目抜き通りにあるワインショップ、アンティーク、革製品などの店は、地元の人向けのような気がする。村の中央に大きな鐘楼をもつサンティ・ピエトロ・エ・パオロ司教座大聖堂(左中、下)があった。祭壇には見事な彫刻や聖人像が置かれていたが、堂内に派手さはなく、村人たちの質素な生活がそのまま祈りの場に溶け込んでいた。

ULIVETO

GHIOTTORNIA
107
111
Enoteca

トスカーナ州

Toscana

ジッリオ・カステッロ
Giglio Castello

海賊との戦いに明け暮れた人々が住む、素晴らしい景色を誇る村

ティレニア海に浮かぶジッリオ島にある村。紀元前８世紀にエトルリア人が鉄鉱石を求めて集落を形成したのが村の始まりである。ジッリオ港はまるで絵のような美しさであるが、歴史的に海賊による襲撃に常にさらされ、1544年には村人が700人連れ去られるという悲劇まで起きた。今でも村を囲む堅牢な城壁は海賊との戦いの証しである。村の頂にはジッリオ城が、さらに細い道を行くとアルドブランデスカ城塞が12世紀の面影を残している。

MAP P179, P440-B-3

約40分の航海でジッリオ島に到着する。港から車で10分ほど走ると、山の上にある村にたどり着いた。巨大な岩の横にある門を潜って村に入る。観光地として有名な村だが、意外にも土産物店とリストランテは少なかった。路地の両脇には石造りの民家が密集して建っており、多くの家で２階３階へと続く長い階段があった。壁に焼き物を飾ったり、絵を埋め込んでいる家もある。高台にあるジッリオ城(中) は入れなかったが、路地の一角にあったサン・ピエトロ使徒教会(下) の堂内は自由に見学することができた。村の入り口近くにあるリストランテで、エビとズッキーニで和えたニョッキを食べた。

トスカーナ州

Toscana

ポッピ

Poppi

コンティ・グイディ城、リリアーナ図書館など、見どころ満載の村

村はエレガントなコンティ・グイディ城を抱き、その城壁に囲まれている。城は13世紀に建設され、有名な建築家一家であったディ・カンビオ家の作品である。フィレンツェのヴェッキオ宮殿の習作として造られた。二面のファサードの中央に高い塔が伸び、狭間胸壁の装飾が特徴的である。内部には2万5000冊の蔵書を誇るリリアーナ図書館があり、手書きなどの貴重な古い本が保存されている。また、城内礼拝堂のフレスコ画も美しい。

MAP P179, P440-C-2

目抜き通りはアーケードになっていた。夏の暑い陽射しを遮ってくれるので、汗をかかずに村巡りができる。高台にそびえたつコンティ・グイディ城（p201左中、下）は一般公開されており、城内を見学することができた。部屋や階段の壁にさりげなく飾られた彫刻、礼拝堂の壁に描かれたフレスコ画を鑑賞し、何度もため息をつく。ギャラリーもあり、現代絵画が展示されていた。たくさんの古書があるリリアーナ図書館は圧巻だったが、ここだけ撮影禁止だった。近くのリストランテに入り、生ハムとカルボナーラを食べる。日本人の来店を喜んでくれたオーナーが、店を去るとき、旅人が見えなくなるまで手を振ってくれた。

CARABINIERI

トスカーナ州
Toscana

ソヴァーナ
Sovana

エトルリア文明の特徴をよく表した、凝灰岩を利用した遺跡や墓が残る村

594年アルドブランデスキ家の領地となり、935年この公爵家の本拠地となり発展する。公爵家の名前は11世紀に建造された城塞にも残り、中世の防壁に組み込まれている。中心部の広場には、1200年代のアルキヴィオ宮やプレトーリオ宮などがある。ドゥオモは村西端の凝灰岩の崖にそそり立ち、ロマネスクやゴシックなど建設された年代によってさまざまな様式が見られる。

MAP P179, P440-C-3

村は、丘の谷間にひっそりと隠れるように位置していた。土産物店やバール、アーティストショップでは、暇そうなオーナーがいつ来るかわからない客を待っていた。アルドブランデスカ要塞（右中）を見学した後、12世紀に建てられたロマネスク様式のサンタ・マリア・マッジョーレ教会（右上）に入ってみる。祭壇には大きな聖体容器が置かれていた。次に、村の外れにある荘厳なサンティ・ピエトロ・エ・パオロ司教座大聖堂（右中）へ行ってみる。入り口にいたおじさんに入場料を尋ねたら、本を買ってくれれば無料でいいと言う。この地方のガイドブックを1冊買い、堂内に入った。

トスカーナ州
Toscana

ローロ・チュッフェンナ
Loro Ciuffenna

チュッフェンナ川が作り上げた中世の景色を残す村

村を横切るチュッフェンナ川が特色ある景観を作り出している。川に架かる中世のアーチ状の橋、水車小屋、建物は長い歴史を物語る。その中でもローマ時代後半5～6世紀に建設された初期キリスト教会が8～9世紀に拡張されたグロピナ教会は、発見された墓に彫られた特徴的な十字架からランゴバルド族の建物であったことがわかっている。さらに、825年の刻印がある素晴らしいランゴバルドの説教壇も今に伝わっている。

MAP P179, P440-C-2

村人たちが暮らす場所は、深い谷と隣り合わせだった。村の北と南はアーチ状の石橋で結ばれている。橋の上に立ち、身を乗り出して下を覗き込む。チュッフェンナ川はずっと下の方を流れていた。目抜き通りには、八百屋、電気店、洋服店、クリーニング店など村人たちの生活に結びついた店が並んでいる。たくさんの人がいて賑やかだったが、観光客は一人も見掛けなかった。空にはたくさんのツバメが舞っていた。崖下に行こうと道を探したが、結局、見つけ出すことはできなかった。

トスカーナ州
Toscana

スヴェレート
Suvereto

自由都市として繁栄した時代の素晴らしい建物が多く残る村

12世紀アルドブランデスキ家が、オリーブやコルク樫が広がるこの地を近隣の集落の中心としたことが村の発展の始まりである。村の名前は「コルク」に由来している。1201年には自由都市として自治が認められ、黄金の時代を迎えた。今でもその時代の建築が多く残り、村役場庁舎やサン・フランチェスコ修道院の原型が1200年代に造られた。修道院には素晴らしい回廊が保存されている。村の一番高い所には、アルドブランデスキ要塞がある。

MAP P179, P440-B-2

美しく咲き誇るヒマワリの畑を眺めながら村へ向かう。村に入ると、通りに置かれたベンチで、たくさんの村人たちが夕涼みをしていた。日本人が珍しいのか、みんなの視線がいっせいに集まる。少し照れくさかった。太い幹の椰子が植わる広場は、まるで南国のリゾート地のようだ。土産物店やアーティストショップが連なる目抜き通りに、小さな案内所があった。気さくなスタッフが、村巡りのお勧めコースを地図にマークしてくれる。教えられた通りに歩いて行くと、まずはサン・ジウスト司教教会（左上）が現れた。単身廊の空間は、暖かみのある黄色い光に包まれていた。

トスカーナ州
Toscana

ポルト・エルコレ
Porto Ercole

スペインに長く支配された歴史をもち、守護聖人エラズモに見守られる村

村の歴史はエトルリア時代に始まり、ローマの支配下で港が建設された。1296年にはアルドブランデスキ公爵夫人によって塔が建てられたのを始まりに、エルコレ港は堅固な守りを固めていった。スペイン、フランス、フィレンツェ、シエナの間で翻弄されるが、1500年代半ばにはスペイン支配下となった。また、村の守護聖人エラズモは、嵐を鎮めて漁師たちを救う奇跡を起こしたといわれている。毎年6月には聖人を祀る漁船で行進が行われる。

MAP P179, P440-B-3

村は入り江に面して広がっていた。桟橋にはたくさんのヨットや漁船が係留されている。海沿いにはリストランテが連なり、家族連れやカップルで賑わっていた。山道を少し登ったところにホテルがあったので、部屋を確保する。バルコニーからの眺めは素晴らしく、夕と朝の光の美しさに酔いしれた。村の奥に古い建物が連なる集落があり、山の中腹にバロック様式の小さなサンテラズモ教会（p207右上）が建っていた。翌日、車で山のてっぺんに建つステッラ要塞まで行ってみる。中に入ることはできなかったが、村と入り江が一望できる眺めは素晴らしかった。

トスカーナ州
Toscana

チェトーナ
Cetona

常に近隣の公国の動乱の場となってきたという歴史をもつ村

村の歴史は古く、紀元前7～前6世紀のエトルリア時代に遡る。小高い山の頂に13世紀初めに城が建設されたが、これが村の発展と動乱のきっかけとなる。1260年オルヴィエート共和国に属することになったのを始まりにシエナやトスカーナ大公国に支配された。元々12～13世紀に建設されたロマネスク様式のサンティッシマ・トリニタ参事会教会の内部は簡素だが、ピントゥリッキオ工房による1400年代のフレスコ画が保存されている。

MAP P179, P440-C-2

土曜日ということもあり、広場にはたくさんの露店が出て、地元の人で賑わっていた。新鮮な野菜と果実が並ぶ八百屋は大人気で、人が途切れることがない。路地を歩いて村の奥の方へ行ってみる。窓の形や花飾りを楽しみながら時計回りに行くと、見晴らしのいい高台に出た。帰り道、道に迷ってしまった。右に行くか左に行くか決めかねていると、近くの民家からお婆さんが出て来て、「広場はこっちだよ」と教えてくれた。きっと少し前から闖入者を観察していたのだろう。村を立ち去るとき、広場で買い物を終え、両手いっぱいに袋を下げて歩く村人たちを何人も見掛けた。

Marche

マルケ州

エミリア・ロマーニャ州
Rimini
アドリア海
サンマリノ
San Marino
グラダーラ P216
Pesaro
モンテファッブリ P226
フロンティーノ P242
モンドルフォ P210
P222 モンダーヴィオ
コリナルド P212
アンコーナ
Ancona
E55
トスカーナ州
マルケ州
P234 オッファーニャ
Loreto
P224 モンテカッシアーノ
P211 チンゴリ
モンテルポーネ P228
P235 トレイア
P220 マテリカ
P225 モンテコザロ
A14
P227 モンテフィオーレ・デッラーゾ
ペルージャ
Perugia
P230 サン・ジネーズィオ
P229 モレスコ
P240 サルナーノ
P218 グロッタマーレ
ウンブリア州
P238 ヴィッソ
P236 オッフィーダ
Ascoli Piceno
Teramo
Terni
ラツィオ州
アブルッツォ州
0
50km

マルケ州
Marche

モンドルフォ
Mondolfo

波乱万丈の歴史とともに 今も見る価値のある 建造物を造り続けてきた村

アドリア海近くにある村は、1490年に造られた卵形の城壁に囲まれた要塞都市である。資料によれば、11世紀には既に城壁が村を取り囲んでいたという。1631年に教皇領になるまでの500年間は、要塞都市であるがゆえの波乱万丈の歴史をもつ。役場庁舎は1931年の地震で倒壊したが、煉瓦一つ一つを積み上げ再建したものである。サン・ジェルヴァジオ・ディ・ブルガリア大修道院は5～6世紀に造られ、地下聖堂にはラヴェンナの棺が納められている。

MAP P209, P441-D-2

小さな村には、人を寄せ付けないような高い城壁が連なっている。広場の階段を登った先には城のような形をした庁舎（下）があり、その周辺に民家が立ち並んでいた。給水塔のような大きな円筒形の建物が一際目を惹いた。高台に立つと、屋根と丘陵の彼方に美しいアドリア海が見えた。城壁の外側にはモダンな建物が連なる通りがあり、その一角にサンタ・マリア・デル・ソッコルソ教会（右下）があった。側廊に飾られた幾つもの宗教画、壁にフレスコ画が描かれた回廊は素晴らしかった。

マルケ州

Marche

チンゴリ

Cingoli

12世紀から工業、商業とも発展し、貴族文化も息づく村

チンゴリはラテン語で「山の斜面から突き出している大地」という意味。12世紀後半には自由都市となり、職人工業や商業が発展した。一方、15世紀終わりからは法王領となり、1829年にはチンゴリの貴族フランチェスコ・サヴェリオ・カスティリオーニがピウス8世の名前で法王に戴冠した。ポリセーナ地区には、ピウス8世生誕の地であるカスティリオーニ家の館がある。役場庁舎は12世紀のものとされており、村に残る建築では最も古い。

MAP P209, P441-D-2

立派な門を潜り、店が連なる坂道を登って行くと、大きな広場に出た。アーケードの手前で、「その大きなカメラで記念写真を撮ってほしい」とお爺さんに声を掛けられる。写真を送る約束をしたが、紙に書いてもらった名前と住所は達筆で読めなかった。17世紀に建てられたサンタ・マリア・アッスンタ教会（左上）を見学した後、目抜き通りを下って行く。歴史ある民家や教会が、モダンな建物に挟まれるようにして建っている。炎天下、石畳の道を整備している男たちがいた。ハンマーで石を砕き、一つ一つ丁寧に石を並べていく。美しいデザインの石畳が誕生していく様を見るのは楽しかった。

マルケ州
Marche

コリナルド
Corinaldo

壮大な城門、城壁や、傾斜地独特の景色が魅力的な村

歴史的戦略背景を想わせるアンコーナとウルビーノの間の丘陵地に位置する。1kmに及ぶ壮大な城門や城壁、塔は15世紀のままの姿を残している。スペローネの塔は五角形で高さが18mにもなる。また、スコルティカトーレの塔も城壁が15mの高さにまで及ぶ。中心部分が傾斜しているので、100段の大階段をはじめ、密集した赤煉瓦の家々、芸術と宗教が折衷し中世情緒にあふれる街並みで訪れる者を惹きつける。

MAP P209, P441-D-2

牧草地が幾重にも綾なす丘陵の風景（p214-215）が美しかった。城壁を見ながら村の中に入ると、色や形に統一感がある家並みが連なっていた。空には無数のツバメが飛んでいる。所々に幅の広い急な階段（上）があり、村の下の方までいっきに行くことができた。2つある教会の一つは修繕工事中。男たちがホコリまみれになりながら外壁を磨く作業を見ていたら、歴史的建造物の維持がいかに大変かを改めて思い知らされた。13世紀に建てられたサン・フランチェスコ教会（右下）に入ってみる。淡いクリーム色の壁をもつ内部はひんやりとしており、しばし夏の厳しい暑さを忘れさせてくれた。リストランテは見つからなかった。

P

マルケ州

Marche

グラダーラ

Gradara

ラファエッロの父、ジョヴァンニ・サンティの作品を絵画館で見られる村

グラダーラの名は、この地域の地質を表すラテン語のクレターラ（粘土）が由来といわれている。マラテスタ家が基礎を築いた城塞の防壁は、今でも完全な形で残っている。二重の防壁が城を取り囲み、14の塔をもっている。城は1293～1324年の間に建てられ、塔と住居部分に分かれている。また、城内には絵画館があり、ラファエッロの父であるジョヴァンニ・サンティが1484年の村の様子を描いた作品を見ることができる。

城へと向かって延びる目抜き通りには、たくさんの土産物店が連なっていた。観光客と学校の社会科見学で訪れた学生たちが買い物を楽しんでいる。観光地化されていることに辟易したが、歴史ある村の風景は素晴らしかった。まずは入場料６ユーロを払ってマラテスタ城（左上）に入ってみる。当時使われていた部屋がそのままの形で残り、貴重な銃剣や絵画などが展示してあった。村を取り囲む城壁の上を人が歩いていた。門の近くに入り口があったので、入場料２ユーロを払って登ってみる。俯瞰で眺める村の全景（p217 右上）はとても絵になり、何枚も写真を撮った。遠くには真っ青なアドリア海が広がっていた。

MAP P209, P441-D-1

マルケ州
Marche

グロッタマーレ
Grottammare

賑やかな海辺と、ひっそりした丘の上の中世の街並み、2つの雰囲気を味わえる村

村は、椰子の木が生い茂りカモメが飛び、夏は海水浴の人々で賑わう海辺と、丘の上の城壁に囲まれてひっそりとした中世の古い部分の2つに分かれている。丘の上の城壁は11世紀のもので、高みから海辺を望む眺望は、作曲家リストも称賛した。バッタリア塔は16世紀のもので、現在では彫刻家ペリクレ・ファッツィーニの美術館になっており、250もの作品や原画が展示されている。また、海辺では美味しいシーフードも楽しめる。

MAP P209, P441-E-2

まずは海辺の集落を歩く。椰子の木が植わる砂浜のビーチにはパラソルが立ち、平日だったがたくさんの人が海水浴を楽しんでいた。まさにリゾート地といった感じだ。線路と道路を渡って、高台の集落まで行ってみる。サン・ジョヴァンニ・バッティスタ教会（中左）、サン・ピオ５世教会などの歴史的建造物は、修繕が行き届いているので壁の表面がとても綺麗だった。また、路地にはブーゲンビリアの花が咲き、ゴミ一つ落ちていなかった。美しい村を、美しく保っていこうとする村人たちの想いが伝わってきた。最も高い所まで登ってみると、そこには大きな城壁（p219下）が残されていた。

マルケ州

Marche

マテリカ
Matelica

マテリカワインと数々の芸術作品を堪能できる村

この地域は、DOC（統制原産地呼称）認証をもつヴェルディッキオ・マテリカワインの産地として有名である。このブドウ品種は歴史が古く、1579年の書物には既に記述されている。ピエルサンティ美術館には「5月の聖母」を始め、数々の芸術作品が保存されている。1655～1660年に建てられたバロック様式のサン・フィリッポ教会では、サボナッチ・ブランディとゲッティの絵画作品を見ることができる。また、当時のパイプオルガンも一見に値する。

MAP P209, P441-D-2

美しいブドウ畑を眺めながら大きな村に入る。3～4階建ての建物が連なる裏通りを歩いて行くと、やがて噴水のある大きな広場に出た。オープンテラスのトラットリアと美しいポルティコをもつ市場があったが、シエスタの時間帯ということもあり、村人は見掛けなかった。広場には17世紀に建てられたスッフラジョ教会、（アニメ・プルガンティ 下）、少し奥まった所に15世紀に建てられたサンタ・マリア・アッスンタ司教座大聖堂（p221中）があった。どちらも扉の鍵は開いており、内部を自由に見学することができた。

マルケ州

Marche

モンダーヴィオ

Mondavio

歴史ミュージアム、アポッロ劇場など、見どころあれこれの村

「鳥たちの山」が語源となる村は、小高い丘の上に誕生した。紀元前1世紀にローマ領となったと記録されている。村の象徴である城壁の頂点にそびえる要塞は、1482～1492年に当時の優れた建築家により建設された。現在は内部を歴史ミュージアムとして開放している。村の中心の広場には、歴史ある役場庁舎とサン・フランチェスコ教会が並ぶ。また、99人収容の小さなアポッロ劇場は、文化活動の中心となり、村の誇りとなっている。

MAP P209, P441-D-2

どっしりとしたたたずまいのロヴェレスカ要塞が立ちはだかり、その門を潜らなければ村の中に入ることはできなかった。まずは入場料5ユーロを払って要塞（左下）を見学する。甲冑や武器の展示の他に、当時の暮らしの様子を人形を使って再現している部屋もあり、なかなか面白かった。坂道を歩いて行くと、小さな広場に出た。庁舎の下にあるバールは地元の人で賑わっていた。サン・フランチェスコ教会（p223上）の煉瓦の積み方があまりにも素晴らしく、しばらく見入ってしまった。魅力的な景観をもつ村だったので、一泊することに決め、村の入り口にあったホテルに部屋を取った。午後9時過ぎ、夜の帳が下りた村を歩き、夜景の美しさに酔いしれた。

Bar il Duca

マルケ州
Marche

モンテカッシアーノ
Montecassiano

サンタ・マリア・イン・カッシアーノ城、サン・ニッコロ教会のフレスコ画を見るべき村

408年に西ゴート族の侵略を受け、数少ない生存者が古代ローマ時代のエリスのヴィーナスの神殿があった丘に避難し、新たな村を造ったことから村の歴史は始まる。12世紀には既に完成していたサンタ・マリア・イン・カッシアーノ城がそびえ立ち、1437年に建設が始まったとされる防壁によって、今でも歴史的中心地区が囲まれている。また、サン・ニッコロ教会には、1382年の鐘楼があり、教会内では15世紀のフレスコ画を見ることができる。

MAP P209, P441-D-2

なだらかな丘を覆うヒマワリ畑を見ながら進んで行くと、高台にある素朴な村にたどり着いた。入り口には、中世の城をそのまま小さくしたような洒落た形の門があった。シエスタの時間帯だったので、村の中はひっそり静まりかえっている。小さな花屋だけなぜか営業していた。広場には15世紀に建てられたサンタ・マリア・アッスンタ教会があり、その優美な尖塔は路地を歩いているときに必ず目に飛び込んできた。空腹だったのでリストランテかバールを探したが、どこにも見つからなかった。

マルケ州
Marche

モンテコザロ
Montecosaro

小高い丘の上に建つ 2つの塔が知られる村

晴れた日はアペニン山脈と田園風景が美しい。ロマネスク様式のサンタ・マリア・ア・ピエ・ディ・キエンティ大聖堂は、マルケ州でも重要な文化財の一つで、1125年に聖別された。また、1447年のサン・ロッコ教会にシモーネ・デ・マジストリス作の素晴らしいフレスコ画が保存されている。さらに、1809年に落成したロッジェ劇場は村の誇りであり、今も住民に娯楽を提供し続けている。

MAP P209, P441-D-2

夏の眩しい陽射しが裏通りまで差し込んでいた。赤い煉瓦の建物を通して見る空が、どこよりも青く感じる。村のシンボルである時計塔は、3階建ての建物の屋根の上に造られていた。サン・ロレンツォ・マルティレ教会(上) に入ってみる。堂内はひんやりしており、汗がすうっと引いていく。聖人や天使が描かれた天井画が特に素晴らしかった。村の外れに松の巨木が植わる公園があった。見晴らし台から丘陵の風景を眺めていたら、おじさんが声を掛けてくる。「ここは夕暮れ時が最高なんだ」と言って、自分のデジカメで撮ったベストショットを見せてくれた。

マルケ州
Marche

モンテファッブリ
Montefabbri

1400年の面影を そのまま残す貴重な村

村に入る門は当時のままで入り口が低いため、大型車は入ることはできない。サン・ガウデンツィオ教会には、守護聖人サンタ・マルチェリーナの遺骨が残っている。一方、サン・ジョヴァンニ・バッティスタ教会では、クラウディオ・リドルフィが1605年に描いた「マリアとキリストと聖人」を見ることができる。また、この村はジョヴァンニ・サンティ（ラファエッロの父）の生誕の地でもある。

MAP P209, P441-D-2

小高い丘の上にポツンと位置する小さな村で、周りには広大な牧草地と麦畑が広がっていた。小型車がギリギリ通れるような小さな門が、村に入る唯一の入り口になっている。素朴な民家を見ながら路地を歩いていたら、5分ほどで一周できてしまった。進路を変え、村の中央に建つサン・ガウデンツィオ教会（右中、下）に行ってみる。9～10世紀からこの場所にあり、16世紀に今の形になったという礼拝堂。扉を開け、中に入ると椅子は10脚もなかった。村の人口を調べてみたら、50人に満たなかった。

29

丘陵地帯の高台に広がる大きな村。まず目の前に現れたのが、17世紀に完成した聖フランチェスコ教会（右上）だった。3～4階建ての建物が連なる通りを歩いて行くと、美しいアーケードがある広場に出た。涼しげな日陰では、おじさんたちがカードゲームをして遊んでいる。静かな路地を歩いてサンタ・ルチア教会へ行ってみる。ファサードの周りには、11世紀に彫られたという遺跡のような彫刻（中）が埋め込まれていた。一つ一つを見て、これは何を意味しているのだろう……と考えるのは楽しかった。

マルケ州

Marche

モンテフィオーレ・デッラーゾ

Montefiore dell'Aso

5世紀に遡る 6つの塔と城門に 防備された村

地名は、農耕の神フローラの名に源をもつ。村に入ると、レプッブリカ広場にたどり着く。村の中央のサンタ・ルチア教会は、今では新古典主義の様式であるが、起源は古く5世紀に遡る。聖フランチェスコ美術館には、1474年のカルロ・クリヴェッリの素晴らしい祭壇画が展示されている。また、エジディ宮、デ・ヴェッキス宮、モンターニ宮などの1600～1700年代の建築からは、村の黄金期がしのばれる。

MAP P209, P441-D-2

マルケ州
Marche

モンテルポーネ

Montelupone

プリオリ宮殿は必見。城門、城壁など遺産に恵まれた村

独自の石床舗装と、過去には日没とともに閉められて日の出とともに開けられていたという4つの城門や城壁など、堂々たる歴史の軌跡を残している。村の名前は、787年に権力の座にあったルポーニ・ランゴバルド家に由来するとされる。中心の広場には、14世紀に造られた長方形の塔とプリオリ宮殿が姿を見せ、5つのアーチの回廊上にはアーチ型二連窓が並んでいる。また、大広間には典型的な反宗教改革のフレスコ画も保存されている。

MAP P209, P441-D-2

静寂が漂う村で、村を一周しても誰とも出会わなかった。18世紀前半に建てられた教区教会(右下)に入ってみる。単身廊で、翼廊には礼拝堂があり、祭壇にはイエス・キリストの像が置かれていた。広場にそびえる高い塔には、大きな時計がはめ込まれていた。珍しく正確な時を刻んでいる。時刻が変わるとき、長い針が大きく揺れるのが面白かった。意外にも門の近くに一軒のトラットリアがあった。もちろん客は誰もいない。パスタをオーダーしたら、カルボナーラが出てきた。

マルケ州
Marche

モレスコ
Moresco

12世紀に建てられた25mの鐘楼を擁する村

村のシンボル、鐘楼の鐘は16世紀の物が現在でも使用されており、時計塔の鐘と交互に鳴らされる。時計塔は、城の入り口になっていたもので、塔を潜るとサンタ・ソフィア教会が見えてくる。現在この教会は劇場になっているが、今でも15世紀のフレスコ画が見られる。村の防壁外には、サンタ・マリア・デル・オルモ教会があり、ヴィンチェンツォ・パガーニ作キリスト磔刑像が保存されている。

MAP P209, P441-D-2

村の入り口にすっくと立つ鐘楼を見上げながら緩やかな坂道を登って行くと、細長いカステッロ広場に出た。その一角にトラットリアがあり、地元の男たちがエスプレッソを飲みながら雑談をしている。ちょうど昼時だったので、スパゲッティのトマトソース和えを注文して食べる。日本人が相当珍しいのか、男たちはチラッチラッとこちらの様子を窺っていた。東のマリーナ広場へ向かって延びる３本の路地を歩き、最後に鐘楼の真下まで行ってみる。おそらく個人の所有だろう、中に入ることはできなかった。

マルケ州

Marche

サン・ジネーズィオ

San Ginesio

13世紀に最も栄え、さまざまな時代に建った教会を見ることができる村

村の名前は古代ローマで殉教した役者ルーチョ・ジネーズィオに由来する。13世紀に最も栄え、人口は2万7000人にも達した(現在3900人)。コッレジャータ教会は、2つに分かれたファサードをもち、下部はより古く、11世紀の堂々とした扉口をもつ。上部は煉瓦造りで、1421年に造られた。すぐ隣には17世紀のロマネスク様式の塔が建つ。その他、996年のサン・ミケーレ教会やサン・フランチェスコ教会など多くの教会が立ち並ぶ。

MAP P209, P441-D-2

中央の広場でまず目に飛び込んできたのがロマネスクとゴシック様式を併せ持つコッレジャータ教会（p232～233）だった。堂内には神殿を思わせる立派な柱頭があり、側廊には幾つもの礼拝堂が並び、壁は宗教画で埋め尽くされている。特に翼廊のクーポラにある繊細な絵画に心打たれた。リストランテがあったので入ってみる。トリュフのラヴィオローネはとても美味しく、この国で食べたパスタの中で3本の指に入ると確信した。リストランテはホテルでもあったので、すぐに65ユーロの部屋（右中）をおさえる。夕方は路地を歩き、別の教会を訪れる。1905年のサン・グレゴリオ教会（右上）など、比較的新しい時代に建てられた教会もあった。

69

マルケ州
Marche

オッファーニャ
Offagna

10世紀の終わりから始まり、今はコーネロワインで有名な村

村の起源は10世紀の終わりに要塞が建てられたことに始まる。以降も歴史兵器博物館と第二次世界大戦時のアンコーナ解放博物館があることでもわかるように、戦略的に重要な地であった。四角形をした巨大な要塞は1454～1456年に造られたもので、凝灰岩の崖の上にそびえたつ。中世からルネッサンス期の典型的な軍事建築であり、歴史の証人となっている。また、この地域はコーネロワイン(赤)で有名で、特産の生ハム類とともに味わうと格別である。

MAP P209, P441-D-2

ぐるりと回り込むように細い石畳の小径を登って行くと教会があり、その後ろに四角柱の塔をもつ要塞があった。門まで行ってみたが、残念ながらクローズしており、中に入ることはできなかった。しかし周辺には、ドーム型の大きな石壁や、煉瓦貼りの長いトンネルなどがあり、十分中世の世界に浸ることができた。路地を歩いて村の下の方に行ってみると、小学生の団体と出会った。子供たちは先生の説明に熱心に聞き耳を立てながら、建物の壁に掛けられた彫刻を見上げていた。

マルケ州

Marche

トレイア

Treia

煉瓦造りの建物が美しい街並みを造る村

アドリア海とアペニン山脈、シビッリーニの山々の狭間に位置する。レプッブリカ広場には、農業アカデミーや役場庁舎、サン・フィリッポ教会がある。農業アカデミーには初めてオイルを種子から抽出する実験をした際の紀要などが保管されている。また、1600年代に土星の衛星を発見したと伝えられるイラリオ・アルトベッリはこの村で生まれたという。村から遥か彼方まで広がる空を見上げていたことだろう。

MAP P209, P441-D-2

門の近くに案内所があった。地図と一緒に、旅行者が自由に使えるWi-FiのIDとパスワードをくれた。東西に延びる目抜き通りには、2～3階建ての大きな建物が連なっている。1階部分には食料品店や日用雑貨店の他に、会社のオフィスも入っていた。18世紀に建てられたバロック様式のサンティッシマ・アヌンツィアータ教会(司教座大聖堂)を見学しながら村の中を一周する。車で5分ほど行った所にあるサンティッシモ・クロチフィッソ至聖所(中)も訪れてみた。17世紀に建てられたものだが、教会の起源は9世紀に遡るという。

マルケ州
Marche

オッフィーダ
Offida

15世紀からのレース編みなど職人仕事が独自の文化を作ってきた村

村の入り口を入ると、1983年に地元の彫刻家アルド・セルジャコミによって造られた「レース編みを作る女性」の像が出迎えてくれる。既に15世紀から職人工業が盛んで、レース編みの飾り紐の生産が村を豊かにしていた。村の中心であるポポロ広場は、色形が自然に調和のとれた三角形の珍しい形をしている。1700年代終わりに改造されてできたといわれている。村にはマルケ州のワイナリーがあり、地元のワインを楽しむことができる。

MAP P209, P441-D-2

村のいたる所でお婆さんたちがボビン刺繍をしていた。「家族へのお土産にいかが?」と手を休め次々と作品を見せてくれる。作ることも、売ることも楽しんでいるようだった。さらに歩いて行くと、庁舎や教会があるポポロ広場に出た。夜8時を回っていたが、人通りが途絶えることはない。さらにその先にあるゴシック様式のサンタ・マリア・デッラ・ロッカ教会（p237中）まで行ってみた。雰囲気のいいこの村で一泊したくなったので、ホテル探しをはじめる。しかし村の中には一軒もない。車で数分走った郊外でようやくホテルを見つけ、部屋を確保した。さらに道を行くと、見晴らしのいい場所に出た。柔らかな夕陽を浴びた村の全景は、まさに一枚の絵画のようだった。

マルケ州

Marche

ヴィッソ
Visso

アドリア海と ローマを結ぶ 街道に位置する村

野生のオオカミが生息するシビッリーニ山国立公園の渓谷にひっそり抱かれ、中世の街並みを今に伝える典型的な山岳都市である。マルティーリ・ヴィッサーニ広場には、1400～1500年代に造られた建物が並び、特にサンタ・マリア教会とサンタゴスティーノ教会が特徴的だ。サンタ・マリア教会は12世紀の教会を基に造られており、教会正面のロマネスク－ゴシック様式の二連、三連の窓が美しい。

MAP P209, P441-D-2

緑輝く山間にある小さな村で、軽やかな水音を発する美しい川が流れていた。連なる建物はパステルカラーで色分けされ、所々に花やコニファーが置かれている。路地を歩きながら、こんな村で暮らしてみたい……と思った。広場には、美しいファサードをもつサンタ・マリア教会（p239上、中）があった。まるで旅人を待ち構えていたかのように扉が開かれている。壁に描かれたフレスコ画が、長い時の流れの中で少しずつ剝がれ落ちていく姿に、究極の美を感じ取った。戦争記念碑（p239右下）を見学した後、山道を30分ほど歩き、山の中腹にある城跡（右中）まで行ってみる。塔のような建物がポツンと建っていた。

マルケ州

Marche

サルナーノ

Sarnano

毛織物工業で栄え、13世紀の芸術品に恵まれた村

1世紀アウグストゥス帝の退役軍人に与えられた領地が村の起源で、エトルリアの影響もあるといわれている。16世紀には人口も7000人を超えるほどで、さらにその後も羊の放牧から毛織物工業が発展した。正面扉口上の聖母子の彫刻が美しいサンタ・マリア・アッスンタ教会は1265～1286年に建てられ、堅固な鐘楼が隣接している。内部にはジョヴァンニ・アンジェロ・ディ・アントニオ作「受胎告知」と「磔刑」の素晴らしい木製画が保存されている。

MAP P209, P441-D-2

村の中は随分と賑やかだった。路上にたくさんの人がいて、世間話を楽しんでいる。しかし門を潜って城壁内に移動すると、途端に静かになった。所々階段になった石畳の坂道が村の高台へ向かって延び、両脇には煉瓦造りの建物が連なっている。窓辺に飾られた花や聖母像に視線を投げながら歩いて行くと、やがて村の最も高いところにある広場に出た。そこには、彫刻が施されたタンパンをもつサンタ・マリア・アッスンタ教会（p241上）があった。扉には鍵が掛かっており中に入ることはできない。堂内のフレスコ画の鑑賞は次回の楽しみに取っておこうと思った。

マルケ州
Marche

フロンティーノ
Frontino

有名な祭壇画を祀る教会と州最大の修道院を擁する村

ローマ時代、山中にフロンティーニ城が造られたのが村の起源とされている。6世紀に城塞はランゴバルド族により使われ、中世からは城壁に続く村の塔が造られた。聖ピエトロ、聖パオロ教区教会には1610年のフェデリーゴ・バロッチが「聖母子と聖ウバルドと聖フランチェスコ」を描いた祭壇画がある。また、近くにあるモンテ・フィオレンティーノ修道院は聖フランチェスコを祀っている。

MAP P209, P440-C-2

山の中に忘れ去られたようにポツンと存在する小さな村。村の端から端まで歩いて5分と掛からなかった。民家の壁や窓辺にたくさんの花が飾られている。公共の建物の前に、コンテストでも行われたのか、ユニークな案山子が何体か置かれていた。表面を蔦に覆われた大きな時計台があったが、時計の針は8:37でとまっていた。村の突き当たりにある小さな広場には、オリーブとバラが植えられ、石造りの小さなモニュメントが建っていた。村人と会って話をしたかったが、シエスタの時間帯ということもあり、誰一人として見掛けなかった。

Umbria

ウンブリア州

エミリア・ロマーニャ州
サンマリノ
San Marino
アドリア海
Pesaro
トスカーナ州
マルケ州
Arezzo
チテルナ P253
モントーネ P256
ウンブリア州
カスティリオーネ・デル・ラーゴ P248
コルチャーノ P252
サンタントニオ P274
ペルージャ
Perugia
P272 パニカーレ
P273 パチャーノ
P269 トルジャーノ
ベットーナ P247
P250 デルータ
スペッロ P264
ベヴァーニャ P246
モンテファルコ P275
トレヴィ P271
A1
P266 モンテ・カステッロ・ディ・ヴィビオ
ノルチャ P258
ヴァッロ・ディ・ネーラ P268
E35
P255 マッサ・マルターナ
P260 サン・ジェミニ
P254 ルニャーノ・イン・テヴェリーナ
アッローネ P244
Terni
P276 ジョーヴェ
ストロンコーネ P270
アブルッツォ州
Viterbo
0
50km
ラツィオ州

ウンブリア州
Umbria

アッローネ
Arrone

ネーラ川公園として保護されている敷地内にある村

アッローネという名前は、ローマの貴族のアッローニ家が静かな場所を求めて9世紀に村の中核となる城を造ったことに由来するといわれている。村はネーラ川の左岸に位置する。また、マルモレの滝が村から数kmのところにあり、一帯は水がとても豊富である。サン・ジョヴァンニ・バッティスタ教会は、村の守護聖人を祀る教会で、15世紀の素晴らしいフレスコ画が残っている。

MAP P243, P441-D-3

訪れたとき、たまたま自転車レースが行われていた。村の入り口がゴール地点になっているらしい。熱狂する人々を見て楽しんだ後、静かな村に入る。石畳の小径を登って行くと、サン・ジョヴァンニ・バッティスタ教会(上)を見つけた。内部の壁に力強いタッチで描かれたフレスコ画は所々傷んでいたが、村人たちがこの小さな祈りの場を大切にしていることがよく伝わってきた。少し行った先に大きな時計塔(p245下)があった。どうやらここが村で最も高い場所になるらしい。車で10分ほど走り、マルモレの滝(p245右上)を訪れる。観光地になっていたが、ダイナミックな自然に心打たれた。

ウンブリア州

Umbria

ベヴァーニャ

Bevagna

毎年6月に行われる「ガイテの市」で賑わう村

中心部のシルベストリ広場は、イタリアで最も美しい広場の一つともいわれる。毎年6月に行われる「ガイテの市」では、職人工房のマエストロたちにより古くから伝わる伝統的な技と創造力が競われ、歴史的な装束を着た人々の中でまるで中世の村に迷い込んだかのようだ。広場の周りには1200年代の行政長官の館や美しい噴水、聖ミケーレ教会と聖シルベストロ教会、聖ドメニコ教会の3教会が見られる。

MAP P243, P441-D-2

目抜き通りには、洋服店、玩具店、八百屋、花屋、インテリア雑貨店、ワインショップなどの店が連なり、たくさんの村人たちが歩き、買い物をし、会話を楽しんでいた。本来あるべき活気ある村の姿があり、感動すら覚えるのだった。何度かお年寄りに声を掛けられながら歩いて行くと、聖ミケーレ教会（左中）がある大きな広場に出た。夏の暑さに耐えかねてか、噴水では犬や鳩が水浴びをしている。教会の近くにはフレスコ画がある美しい回廊があり、誰もが自由に見学することができた。

ウンブリア州
Umbria

ベットーナ
Bettona

オリーブ畑に延びるつづら折りの道を登って行くと村にたどり着いた。まず、円柱形のどっしりした鐘楼をもつサンタ・マリア・マッジョーレ教会に入ってみる。祭壇の前で村の子供たちが歌の練習をしており、透明な歌声が堂内に響き渡っていた。路地を歩いていたらよく地元の人とすれ違った。キックボードで路地を移動していた男の子が恥ずかしがりながら「チャオ」と挨拶してくれる。リストランテの看板、民家のポスト、窓の花飾りなど、村人たちがこだわりをもって生み出したものを見て歩くのは楽しかった。

エトルリア時代の砂岩ブロック、墓が残る村

紀元前4～前3世紀のエトルリア人の時代から要衝であった。ペルージャとアッシジを結ぶ丘をつたう道の途中に位置し、村からは20km以上も離れたペルージャやアッシジを望むことができる。村への入り口のサンタ・カテリーナ門にある木製の古い大扉は、中世に敵襲から村を守った姿を現在に伝える非常に貴重なものである。

MAP P243, P440-C-2

ウンブリア州
Umbria

カスティリオーネ・デル・ラーゴ
Castiglione del Lago

三方をトラジメーノ湖に囲まれ、湖に突き出た小高い丘の上にある村

地域の有力者であったコルニャ家の館（現在は美術館）から通じている廊下を通っていくことのできる五角形の「ロッカ・デル・レオーネ」（獅子の城塞）は、しし座の星の配置を意味し、中世には「カステッロ・デル・レオーネ」（獅子の城）と呼ばれていた。城塞の中庭では、一年中さまざまな催し物が行われている。湖の周りのトラジメーノ公園は散歩に最適である。

MAP P243, P440-C-2

門を潜ると、幅の広い目抜き通りが村の奥へと続いていた。パスタ、豆、トリュフの専門店が数軒ある。ある店の前に「このサラミを試食して」と誘う呼び込みのおばさんがいた。まるで日本の観光地のような光景に苦笑した。美しい採光塔をもつサンタ・マリア・マッダレーナ教会を見学した後、コルニャ宮（下）に入ってみた。全ての部屋の天井と壁には隙間なく緻密なフレスコ画が描かれている。部屋を移動していくたびに、深い感動に包まれていった。人がすれ違うのも大変なほどの細く長い回廊を通ってレオーネ城塞（p249上）まで行ってみる。塔の上からトラジメーノ湖を一望することができた。

offerta

i vini

ウンブリア州
Umbria

デルータ
Deruta

13世紀から陶器の生産で知られる村

世界的に有名なデルータの陶器は1299年の書物に初めて記載がある。その後、1500年代には教皇の庇護の下、陶器の生産は隆盛を極めた。17世紀に建てられたマドンナ・デイ・バンニの至聖所には、奇跡に感謝してデルータの陶芸家が奉納した600枚以上の陶板が保存されており、加護によって解決した不幸、病気、事故などの様子が生き生きと描かれている。村には今でも美しい手描きの陶器の皿が飾られた工房が並ぶ。

MAP P243, P440-C-2

村の中には陶器を売る店がたくさんあった。また、建物の窓枠や扉の飾りとしても陶器が使われていたので、村歩きがとても楽しかった。14世紀に建てられたサン・フランチェスコ教会の中に入ってみる。予想した通り、祭壇の壁や説教壇には陶器が使われていた。中でもロザリオ礼拝堂(右中)の色使いの美しさに感動する。一軒の陶芸店に入ってみた。壺や皿が店内を埋め尽くしている。オーナーが、「これらは全て妻が作ったものさ」と説明してくれた。自分用の土産として、黄色い模様が描かれた小さなカップ(20ユーロ)を買うと、彼はとても喜んでくれた。

OPEN
FACTORY
INGRESSO LIBERO
25

ウンブリア州
Umbria

コルチャーノ
Corciano

ペルージャとトラジメーノ湖の間に位置し、一帯の交通の要衝だった村

中世の面影が色濃く残る村の城壁は13～14世紀にかけて建造されたものである。1223年には聖フランチェスコもアッシジへの道の途中でコルチャーノに滞在したと伝えられている。また、サンタ・マリア・アッスンタ教会の祭壇上に飾られているペルジーノ「聖母被昇天」やベネデット・ボンフィーリ「ゴンファローネ」は芸術的に非常に高い価値をもつものである。

MAP P243, P440-C-2

微かな丸みをもつ緩やかな階段が、城塞の門（中左）へと続いていた。路上にはゴミが一つも落ちておらず、崩れそうな石壁も修復されている。とても清潔感のある美しい村だった。見晴らしのいい高台へ行ってみると、オリーブ畑から流れてくる心地いい風に全身を包まれた。路地は迷路のようになっていたが、常に2つの鐘楼が目に入ってくるので、道に迷うことはない。塔の時計を見て、今がランチの時間帯であることを知った。リストランテを探したが見つからない。広場にバールがあったのでクロワッサンのサンドイッチを買って食べた。チーズと生ハムがとても美味しかった。

村全体が石垣に囲まれ、背の高い松の木が等間隔で植えられていた。村の中央にある広場には見晴らし台があり、パッチワークのような模様をもつ丘陵を見渡すことができた。バールの店先ではおじさんたちが雑談をし、路上では子供たちがボール遊びをし、おばさんが花に水をやっている。村人たちは、思い思いに午後の優雅なひとときを過ごしていた。サン・フランチェスコ教会近くの施設で写真展が行われていた。数人の写真家が自慢の作品を展示している。特にポートレート作品のクオリティが高かった。

ウンブリア州

Umbria

チテルナ

Citerna

役場庁舎の修復工事の際地上と地下とで2重構造があることがわかった村

村を1500年代に支配したヴィテッリ家により、ドナテッロやポマランチョ、シニョレッリといった一流の芸術家が村に作品を残した。貯水槽（チステルナ）は村の名前の由来となっている。中心部は、13～14世紀に造られた防壁に囲まれており、南のローマ門と北のフィレンツェ門が主要な出入り口となっている。

MAP P243, P440-C-2

ウンブリア州
Umbria

ルニャーノ・イン・テヴェリーナ
Lugnano in Teverina

ロマネスク様式の傑作、サンタ・マリア・アッスンタ教会で有名な村

村の起源は6世紀頃で、テヴェレ川流域に住んでいた人々がマラリアから逃れるために丘の上に造ったとされる。11〜12世紀に建てられたサンタ・マリア・アッスンタ教会は、ロマネスク様式の傑作として有名な教会である。また、1229年に建てられたサン・フランチェスコ修道院は、1212年に聖フランチェスコが奇跡を起こし、オオカミから子供を救ったとされる場所に築かれた。さらに、紀元前1世紀のローマ時代の遺跡であるヴィッラ・ルースティカ遺跡がある。

MAP P243, P440-C-3

小さな広場には立派な鐘楼をもつ古いサンタ・マリア・アッスンタ教会（右上）があった。近づいてよく見ると、柱や壁、バラ窓の周りに動物をモチーフにした彫刻がちりばめられていた。また、堂内の柱にある聖人像や幾何学模様の彫刻も素晴らしかった。迷路のような路地を歩いて村を巡る。歴史的価値のある建物の前には、案内板があり詳しい説明がなされている。所々に石造りの彫刻（左上）が置かれていた。比較的新しい時代に造られた作品だったが、途中からそれらを見つけながら歩くのが楽しくなっていた。

ウンブリア州

Umbria

マッサ・マルターナ

Massa Martana

ローマからウンブリア州に続く フラミニア街道沿いの村

ローマ時代から、旅人や兵士の駐屯や休養地となっていた。街道沿いには、ローマ時代の遺跡や地下墳墓も見つかっている。村は城壁に囲まれ、中心部には中世の広場や建造物が1997年の地震後に美しく修復された。ウンブリア州内で最も古いといわれている7～8世紀のサンタ・マリア・イン・パンターノ教会や9～10世紀に建てられた修道院が残っている。

MAP P243, P440-C-3

村の入り口に、石造りの大きな噴水があり、鳩が水浴びをしていた。門を潜って村の中に入る。オリーブの鉢植えが置かれた小さな広場があり、オレンジやクリームに塗られた民家が連なっていた。とても静かな村だ。村の中を２周ほどしてみたが地元の人は見掛けなかった。車で５分ほど走った所に美しいバラ窓をもつサンタ・マリア・イン・パンターノ教会（上）があった。堂内はきらびやかな装飾が一つもないシンプルな造りだったが、たたずんでいるだけで人の心に変化を与える不思議な力に満ちていた。

ウンブリア州

Umbria

モントーネ

Montone

ウンブリア州とマルケ州にまたがるアペニン山脈を見渡すことができる村

モントーネは標高482mの丘の上に位置する。今では静かなこの村の起源は、村から6km離れた地点にあるアリエスの要塞で、ビザンチン、ランゴバルド時代（6～8世紀）に遡る。1400年代にこの村はイタリア史上最も偉大な軍の隊長とされるアンドレア・ブラッチョ・フォルテブラッチョ（通称ブラッチョ・ダ・モントーネ）を輩出した。

MAP P243, P440-C-2

村の中にはマドンナ・デッレ・グラツィエ教会、サンタ・マリア教会など、幾つもの教会が建っていた。路地のいたる所にイタリアの国旗が掲げられている。散策している途中、建物の地下にデル・ヴェルツィエレ（p257中下）というリストランテを見つけた。思い切ってドアを開けてみると、シエスタの時間帯であるにもかかわらず営業していた。感じのいいウエイターにお勧め料理をオーダーすると、チーズで和えたファルファッレが出てきた。食べた瞬間、濃厚なチーズの香りとうまみが口の中に広がる。どうやったらこの美味しい味が出せるのだろう……と考えながら一気に食べてしまった。

21
CAMPARI

ウンブリア州
Umbria

ノルチャ
Norcia

「ノルチネリア」で世界的に有名な村

聖ベネディクトゥスの聖地として深い精神性をもつ土地であると同時に、豚肉加工品「ノルチネリア」で有名。村の店々にはサラミや生ハムが色とりどりに並べられている。13世紀の防壁に囲まれ、8つの古い門が今でも残っている。中心部の広場の中央には聖人の像があり、周囲には13世紀の建物である村役場や14世紀のゴシック様式のファサードが美しいサン・ベネデット聖堂、1570年頃の建築のミズーレのアーケードなどが並んでいる。

MAP P243, P441-D-3

山道を行くと急に視界が開け、牧草地や畑が連なる牧歌的な風景になった。立派な門(右下) を潜って村に入る。目抜き通りにはたくさんの食料品店が連なり、店先には豚の剝製が飾られ、店内には豚肉、腸詰め、チーズ、トリュフなどが売られていた。まずはリストランテに入る。数あるトリュフ料理の中から、ニョッキのトリュフ和え(p259 右下) を注文した。中央に円形の大きな広場(右上) があり、同じような外観をもつ2つの教会が寄り添うように建っていた。聖母の彫刻で飾られたタンパンをもつサン・ベネデット聖堂(右中) の堂内は自由に見学することができた。白壁のシンプルな祭壇の中央には、キリストが磔《はりつけ》にされた十字架が掲げられていた。

RISTORANTE
GRANARO DEL MONTE
Caffè del Corso

SALAME NORCINO
NONNO
COJONI DI MULO
SALAME DEL RE
€ 4.00
DI NORCIA

43

ウンブリア州
Umbria

サン・ジェミニ
San Gemini

村の中央にある広場に行くと、たくさんの村人たちが集っていた。サン・フランチェスコ教会（p262）の重厚な木の扉を開け中に入ると、堂内はステンドグラスから差し込む夕陽で黄金色に染まっていた。石畳の道を歩いて行く。食料品、生活雑貨のお店も多く、暮らしやすそうな村だと思った。村の端に小さなリストランテ（p263）があったので入ってみる。お勧めのワインとパスタをお願いしたら、トリュフで和えたフェットゥチーネが出てきた。香り豊かで、とても美味しい。地元の食材の力を最大限に引き出そうとするシェフのこだわりが伝わってきた。村の中で見つけたホテルに３連泊する。

豊かな水が、今でも村人の生活を潤す村

サン・ジェミニの村はフラミニア街道を見下ろす丘の上にあり、フラミニア街道沿いの古代ローマの町カルスレの近くに発展した。美しい村の中心広場には、アッシジの聖フランチェスコが1213年に悪魔祓いをしたといわれるサン・フランチェスコ教会やヴェッキオ館(現村役場) があり、村人の憩いの場となっている。また、水が豊かな土地にある村には有名なミネラルウォーターの源泉がある。

MAP P243, P440-C-3

ウンブリア州
Umbria

スペッロ
Spello

ピンク色の石で建造された建物で彩られた村

スバシオ山から切り出されたピンク色の石がほとんどの建築に使われ、村を明るく彩っている。数多くの芸術作品が保存され、特にサンタ・マリア・マッジョーレ参事会教会内のピントゥリッキオ作のフレスコ画「受胎告知」や「キリスト降誕」は大変美しい。また、同教会にはペルジーノのフレスコ画もあり、まるで美術館のよう。1500年代のデルータ焼の陶器の床も特筆に値する。

MAP P243, P441-D-2

2つの塔がある門を潜って村の中に入る。日抜き通りを歩きはじめたとき、他の村よりも多くの花が飾られていることに気がついた。進んで行くと花の数はどんどんと増えていき、花だらけの路地（p14-15）と出会ったときはさすがに驚いた。魅力ある村なので観光客も多く、土産物店、画廊、ワインショップが点々としている。サンタンドレア教会（左下）のフレスコ画と石棺を見学したあと、リストランテ・イル・モリーノ（p265右中）に入ってみる。シェフお勧めの料理をオーダーすると、前菜にキッシュ、メインにラム肉が出てきた。地元の食材を使ったという料理は、どれも美味しかった。

Vini e Olio

VIA
BORGO
S. SISTO 4

TAXI

ARTE CONTADINA

丘の高台にある小さな村。すれ違うときに挨拶してくれたおばさんは、畑で収穫したての野菜を持っていた。光の眩しさに目を細めながら路地を歩いて行くと、サンティ・フィリッポ・エ・ジャコモ教区教会（p267 右中）の前に出た。どうしようかと迷っていたら、教会横のベンチで雑談をしていた村人たちが「入ってみなさい」と声を掛けてくれた。主祭壇の彫刻、天井の模様、礼拝堂の宗教画、どれもが究極のアートだった。民家が立ち並ぶ一角で、クラシックなコンコルディア劇場を見つけた。案内板を見たら、コンサートにも使われているらしい。次は、劇場のホームページでスケジュールをチェックしてから村を訪れようと思った。村の郊外に美しいヒマワリ畑があった。

ウンブリア州
Umbria

モンテ・カステッロ・ディ・ヴィビオ
Monte Castello di Vibio

水資源に恵まれ、自然豊かな環境にある村

テヴェレ川公園の領域内に位置し、コルバラ湖やアルヴィアーノ湿地帯の自然保護区などに囲まれている。村の名は、「ヴィビオの山城」という意で、「ヴィビオ」は起源をローマ皇帝にもつ古いペルージャの一族の名前とも考えられている。今でも中世の様子を色濃く残している。1800 年代に建てられた「世界で最も小さな劇場」であるコンコルディア劇場の天井のフレスコ画や館内の装飾が非常に美しい。

MAP P243, P440-C-3

ウンブリア州

Umbria

ヴァッロ・ディ・ネーラ

Vallo di Nera

中世の堅固な防壁が残る、ネーラ川沿いの静かな村

その歴史は古く、紀元前4〜前2にかけて、この地に住んでいたナハルチ族をローマ人たちが凌駕した。4〜6世紀には、シリアからキリスト教信者がこの地に逃れ、隠遁生活を送っていたとも書物に書かれている。中世からはスポレート公国に重要な守りの要の土地として治められ、今でも見られる堅固な防壁が当時の面影を残す。

MAP P243, P441-D-3

山の中に忘れ去られたようにある小さな村。深い緑の森を背景に、白っぽい石造りの民家が存在感を増している。路地は緩やかな階段となり、村の高台へと続いていた。ベンチで雑談をしていたお婆さんが、「向こうだよ」と言って一本の路地を指差した。きっと、教会を探していると思われたのだろう。やがて目の前にサン・ジョヴァンニ教会（右中）が現れる。前でたたずんでいたら、近くの家から出てきたお爺さんが扉の鍵を開けてくれた。祭壇の壁一面に描かれたフレスコ画が素晴らしかった。

ウンブリア州
Umbria

トルジャーノ
Torgiano

16世紀のフレスコ画と、ワイン博物館、オリーブオイル博物館が楽しめる村

トルジャーノの村の起源は、ローマ人の居住区であったことにある。村のサン・アントニオ祈禱堂には、1500年中頃の子供を抱く聖女のフレスコ画がある。この作品は、ラファエッロの弟子でペルージャの画家であったドメニコ・アルファーニの手になるものである。また、この村には、興味深いワイン博物館やオリーブオイル博物館もあり、この地の特産のワインやオリーブオイルについての資料やコレクションを見学できる。

MAP P243, P440-C-2

村の入り口にはスタイルの美しい塔があり、その先は墓地になっていた。夜８時を回っているのに、近くの空き地で中学生くらいの男の子たちがサッカーをして遊んでいる。モダンな噴水がある広場を抜け、歴史ある建物が連なる通りへ行ってみる。オレンジやベージュに塗られた民家が連なり、雑貨店やアーティストショップもあった。一軒のリストランテを見つけたので入ってみる。地元野菜の盛り合わせとペペロンチーニを食べた。客は１人だけ。オーナーとシェフはとても暇そうだった。

ウンブリア州
Umbria

ストロンコーネ
Stroncone

美しい鉄の装飾に彩られ、石で造られた堅固な村

アーチや噴水、立派な鉄の装飾が付けられた扉口に魅了される。リベルタ広場では、1559年に造られた美しい噴水を見た。そして、サン・ジョヴァンニ・デコッラート教会には、洗礼者ヨハネの生涯が描かれた15世紀のフレスコ画がある。さらに、サン・ミケーレ・アルカンジェロ教会には、貴重な木造の内陣席と14世紀のキリスト磔刑像が保存されている。

MAP P243, P441-D-3

石造りの建物が連なる村の中には、車や自転車が一台も停まっていなかった。きっと100年前の村の姿はこんな感じだったのだろう……と思いながら路地を歩いて行く。家の中から人の話し声やテレビの音が聞こえてくるが、村人とはなかなか出会わない。手入れの行き届いた鉢植えの花やブドウの木が所々に置かれていた。小さな鐘楼がある陽当たりのいい広場に出た。そこで初めてお爺さんと出会う。「チャオ」と挨拶してくれた。ある家の軒下に鳥かごがぶら下がっていた。村の中で初めて出会ったセキセイインコの黄色が目に眩しかった。

ウンブリア州
Umbria

トレヴィ
Trevi

清涼な水をたたえる
クリトゥンノ川を
眼下にひかえる村

旧サン・フランチェスコ修道院は、現在では博物館に改築され、絵画やオリーブに関する資料が見学できる。また、トレヴィの村の中心部からフラミニア街道に向かって南に下って行くと、ペルジーノの最後の作品を所蔵するマドンナ・デッレ・ラグリメ祈禱所がある。クリトゥンノ川沿いの散歩も楽しい。1877年に建設されたクリトゥンノ劇場があり、コンサートなどさまざまな催しが行われている。

MAP P243, P441-D-3

裾野まで建物が連なる大きな村だった。まずは高台にある広場に出て、そこから枝分かれしている路地を順々に巡っていく。いたる所で古い建物の修繕工事が行われていた。12世紀に建てられたサンテミリアーノ教会(左中)の扉を開けた。丸窓から差し込む光が放射状になって身廊を照らしている。祭壇上のクーポラに描かれた花の絵画が素晴らしかった。近くに博物館(右中)があったので入場料4ユーロを払い入ってみる。数百年前の色彩をそのまま留めているような鮮やかなフレスコ画、昔の農具などがたくさん展示してあった。

ウンブリア州

Umbria

パニカーレ

Panicale

ルネッサンス期の 芸術作品が 数多く残っている村

聖セバスティアーノ祈禱所には1505年にペルジーノによって描かれた「聖セバスティアーノの殉教」のフレスコ画や、近年になってラファエッロの手になるとされるようになった「玉座の聖女」のフレスコ画が保存されている。また、村のチェーザレ・カポラーリ劇場は18世紀の建築で、1800年代の建築家ジョヴァンニ・カプローニによって美しく修復された。

MAP P243, P440-C-2

緑輝くブドウ畑を眺めながら丘を登っていくと、小さな村が現れた。洒落たイラストマップがある。日曜日ということもあり、広場には幾つもの露店が出て、地元の人で賑わっていた。アンティークや日用雑貨を売る店が多い。石造りのサン・ミケーレ・アルカンジェロ教会（左上、中）に入ったが、堂内は真っ暗で何も見えない。一緒に入った夫妻が、箱にコインを落とすと、パッと明かりがついた。３人で祭壇の美しさに見とれた。路地を歩いてから広場に戻ると、何台ものフェラーリが集まってきた。愛好家の集いだろう。イタリアらしい光景だった。

ウンブリア州

Umbria

パチャーノ

Paciano

1300年代の門が、往時の面影をしのばせる村

トラジメーノ湖の南に位置し、トスカーナ州との境に近い戦略的な場所にあるパチーノの村は、歴史的にペルージャ、トスカーナ大公国、教皇領の覇権争いの下で翻弄されてきた。村の構造は、1200年代のものが礎になっており、1300年代に築かれた600mに及ぶ城塞に囲まれている。城塞には、今でも8つの塔とフィレンツェ門、ペルージャ門、ラストレッラ門と名付けられた3つの門が残り、往時の面影を残している。

MAP P243, P440-C-2

村の境には4～5階建ての民家や城壁が立ち並び、夕陽を浴びて赤く染まっていた。大きな村を想像したが、門を潜って中に入ってみると、10分ほどで一周できてしまうような小さな村だった。村の中にも背の高い建物が連なっているので、薄暗い路地を一人で歩いていると不思議な孤独感に襲われる。向こうから歩いてくる村人を見つけるたびにホッとし、思わず声を掛けたくなった。リストランテや宿はどこにもなかった。別の門の前に小さな広場があった。明日ここでコンサートが行われるらしく、おじさんたちがその準備に追われていた。

ウンブリア州

Umbria

サンタントニオ

Sant'Antonio

ペルージャ市中心部の一区画で、中世の景観を残した村

サンタントニオ村は、ペルージャ市中心部の一地区である。12世紀に造られたサンタントニオ・アバーテ教会には2つの祭壇があり、左側はパオロ・ジスモンディ作、右側はベネデット・バンディエラ作のものである。この地区は中世の様子を特によく保存しており、実際に1800年代まで使用されていた13世紀の井戸が見られる。また、高台にあるロッシ・スコッティ広場からは村全体が見渡せ、中世の防壁の広がりがよくわかり興味深い。

MAP P243, P440-C-2

ペルージャの旧市街に入っても、なかなか登録された場所を見つけ出すことができなかった。4人に道を尋ね、ようやく発見する。街中のどこにでもあるような普通の通りだったが、石造りの門や教会の尖塔から、深い歴史の一端を垣間見ることができた。舗道はかなり狭い。走る車に注意しながら坂道を登って行くと、10分ほどで反対側の門に出た。普段見過ごしてしまうような通りにも、「最も美しい村」に登録されるような価値ある歴史や文化があることを知り、この国がますます好きになっていった。

村の周辺にはたくさんのオリーブの木が植えられ、まるで絵ハガキのような景観が広がっていた。広場のリストランテでフェットゥチーネを食べた後、村歩きをはじめる。数軒のワインショップがあった。幾種類ものローカルワインを試飲することができるらしい。ワイン好きにはたまらない村だろうと思った。急な登り坂の途中に1275年に建てられたサンタゴスティーノ教会（上）があった。最初、堂内は薄暗く身廊しか見えなかったが、やがて目が慣れ、壁や柱に描かれた色鮮やかなフレスコ画が目に飛び込んできたとき、鳥肌が立つほど感動した。

ウンブリア州

Umbria

モンテファルコ
Montefalco

サグランティーノワイン、オリーブオイルで有名な村

ベアート・アンジェリコの弟子のベノッツォ・ゴッツォリの絵画にも描かれている。1335～1338年にかけて建てられたサン・フランチェスコ教会内には数々の芸術作品が保存され、ペルジーノ「キリスト降誕」や1400年代のウンブリア派の手になるフレスコ画、ベノッツォ・ゴッツォリによって描かれた「サン・フランチェスコの生涯」が保存されている。村はDOP認証のオリーブオイルでも有名である。

MAP P243, P441-D-2

ウンブリア州

Umbria

ジョーヴェ

Giove

神々の王ゼウス（イタリア語で「ジョーヴェ」）の神殿があったとされる村

今では神殿の存在について知る由もないが、中世の公爵の館には、神話を題材にしたフレスコ画が保存されている。公爵の館は、5月24日広場にあり、館内には一年の暦のように窓が365枚あるといわれている。また、マドンナ・デル・ペルジーノ教会には、壁に受けた恩寵の奉納物が掲げられており、各地から多くの人が巡礼に訪れる。

MAP P243, P440-C-3

村に入り真っ先に目に飛び込んできたのが巨大なジョーヴェ城（上、右中）だった。壁伝いにしばらく歩いてみたが、城に人が住んでいる気配はない。今の時代、使われているのは一部分だけかもしれなかった。目抜き通りには素朴な民家が連なっていた。肉を持って道を横切るシェフを見掛ける。でもちょっと目を離した隙にいなくなり、彼がどのリストランテに入ったのかわからなかった。道の交わる場所に、翼廊をもつ大きなサンタ・マリア・アッスンタ教区教会（下）があった。ファサードの上に掲げられた大きな十字架が印象的だった。

Lazio

ラツィオ州

Grosseto
P287 トッレ・アルフィーナ
トスカーナ州
P282 チヴィタ・ディ・バンニョレジョ
Orbetello
Viterbo
P278 カプラローラ
ウンブリア州
Terni
マルケ州
Ascoli Piceno
アドリア海
Teramo
Pineto
Pescara
アブルッツォ州
ラクイラ
L'Aquila
Chieti
A1
E35/45
カステル・ディ・トーラ P286
コッラルト・サビーノ P289
ラツィオ州
Civitavecchia
A1d.
A1
E80
A12
オルヴィーニオ P298
ローマ
Roma
A24
スビアーコ P292
E45
P290 サン・ドナート・ヴァル・ディ・コミーノ
Acilia
A1
P296 カステル・ガンドルフォ
ティレニア海
地中海
Frosinone
P300 ボヴィッレ・エルニカ
モリーゼ州
P288 モンテ・サン・ジョヴァンニ・カンパーノ
Latina
P299 カンポディメーレ
0
50km
P294 スペルロンガ
カンパーニャ州

ラツィオ州

Lazio

カプラローラ
Caprarola

堅固な要塞が美しい貴族の別邸に。中世の様子を楽しめる村

ローマの有力貴族であったアレッサンドロ・ファルネーゼの依頼で、ルネッサンス期の建築家で軍事参謀でもあったアントニオ・ダ・サンガッロが防衛のための建物を造る計画をしたのが、現在の宮殿の始まりである。五角形の防衛に有利な形を基本に1520年代に着工したが、その後中断され、結局1559年に建築家ジャコモ・バロッツィ・ダ・ヴィニョーラが引き継ぎ、美しい別邸となった。村にはファルネーゼ家以前の中世の様子もよく保存されている。

MAP P277, P440-C-3

インノィオフータ（p279右下）を楽しみながら坂道を登って行くと、巨大なファルネーゼ宮殿（上、p280～281）の前に出た。五角形の建物だが、正面からは直方体に見える。入場料5ユーロを払い中に入ってみる。その直後、螺旋階段のフレスコ画の素晴らしさに圧倒され、なかなか次の一歩を踏み出すことができなかった。宮殿内は幾つかの部屋に分かれていたが、すべての壁と天井に物語性のある緻密な絵画が描かれていた。かつて、これほどまでに神々しく絢爛な芸術と接したことがなかったので、かなりの衝撃を受けた。

ラツィオ州

Lazio

チヴィタ・ディ・バンニョレジョ

Civita di Bagnoregio

天空の城のように 小高い山に ひそかにたたずむ村

「死に行く街」といわれる村は、バンニョレジョ町の一集落である。エトルリア文明を起源とし、凝灰岩層が浸食されて残った島のような小高い山の上にある。一本の橋だけが続くその姿は、まるで天空の城だ。村の入り口であるサンタ・マリア門には、独裁者を倒した村民のシンボルであるライオンの像が彫られている。1800年代には1000人以上が村に住んでいたが、地震の影響で次第に減り、現在は8人の住民だけになった。

MAP P277, P440-C-3

手前にある集落から旅をはじめた。まずはホテルで部屋を取る。カントリー調の可愛らしい部屋(80ユーロ)だった。目抜き通りを歩きはじめると、石碑の前で暇そうにしていたおじさんが「日本人かい?」と声を掛けてくる。枢機卿サン・ボナヴェントゥーラの像が立つ広場(p283上)の先には、崖に面した田舎道があった。5分ほど歩くとパッと目の前の視界が開け、フラツィオーネ(分離集落)の絶景(p284-285)が現れた。集落の中央にある門に向かって、一本の長い橋が延びている。早速橋を渡り、集落の中に入る。車、看板、電線など、現代を感じさせるものはなく、中世の世界が広がっていた。広場には、ロマネスク様式のサン・ドナート教会(p285中下)があった。

DV 659PL

ラツィオ州

Lazio

カステル・ディ・トーラ

Castel di Tora

湖の眺めが美しい、中世の農村風景を残す村

この村には1000年代から大修道院があり、イタリア統一前には「カステルヴェッキオ(古い城)」の名で呼ばれていた。今ではトゥラーノ湖が新たに造られ、村の中心にあるポリゴナーレ塔からは美しい景色を眺めることができる。そして、空気が澄んでいる日には、山の頂上からローマのヴァチカンのサン・ピエトロ大聖堂が見える。村には石積みの建物を木と煉瓦の瓦で覆った、この地方の中世の農村独特の建築が残っている。

MAP P277, P441-D-3

村はトゥラーノ湖を見下ろす高台にあった。午後の眩しい光を浴び、湖面はキラキラと輝いている。石畳の美しい模様と玄関横の花飾りを見ながらアップダウンのある路地を歩いて行く。珍しく村内に広場はなかった。高台にあるポリゴナーレ塔まで行ってみたが、門には鍵が掛かっていた。いったん村を出て、車で山沿いの道を走って行く。5分ほどで村を一望することができる見晴らしのいい場所に出た。ワイルドフラワーが美しかった。

ラツィオ州
Lazio

トッレ・アルフィーナ
Torre Alfina

古くから芸術に親しみ、今も現代美術展が開かれる村

村はルフェーノ山の保護地域の中にあり、「塔の村」の意味をもつ。古くから塔があり、その後周りに城と村が生まれた。村全体が芸術作品の展示会場となって、シャンブレダミと呼ばれる現代美術展覧会が常に催されており、芸術に親しむことができる。また、トッレ・アルフィーナの村が所属する自治体の中心地アクアペンデンテには聖体安置所の地下祭室があり、磔刑の際にキリストの血に浸されたといわれている石が保存されている。

村の中で城が存在感を主張していた。坂道を登り城の近くまで行ってみたが、中に入ることはできなかった。個人の所有で、一般公開はされていないのかもしれない。城の周りには石造りの民家が肩を寄せ合うようにして建っていた。同じアーティストの作品だろう、壁に絵が描かれた民家があった。村の外れにサンタ・マリア・アッスンタ教会があった。旅人を歓迎するかのように扉が開いている。マリア像と7人の天使の彫刻があるタンパンを見ながら堂内に入り、祈りを捧げた。

MAP P277, P440-C-3

ラツィオ州
Lazio

モンテ・サン・ジョヴァンニ・カンパーノ
Monte San Giovanni Campano

6世紀に建てられた修道院を中心に、ルネッサンス時代の様子が残る村

6世紀にサン・ジョヴァンニ修道院が丘の上に建てられたため、それが村の名前にもなった。要塞化されていた村には、今でも城の五角形の塔が残っているが、防壁は一部が残っているのみである。さらに、周囲には36の円形と四角形の塔があるが、現在は家々と一体化している。一方、城の中はルネッサンス時代のままよく保存されている。また、サンタ・マリア・デッラ・ヴァッレ教会には 2m もの木造のマリア像が安置されている。

MAP P277, P441-D-4

周辺の丘にはオリーブの木々が植えられていた。村に入るとまずは高台にある城の塔まで行き、そこから枝分かれするように延びる路地を歩いて村の中心へ向かった。所々に聖人像の彫刻や宗教画が飾られている。サンタ・マリア・デッラ・ヴァッレ教会(中)の中に入ってみた。主祭壇に置かれた大きなマリア像は、黄色い光に包まれ浮かび上がっているようだった。外の広場で休んでいたら、シスターに引率された幼稚園児たちがやって来た。この素朴な村にはたくさんの子供たちがいることを知った。

ラツィオ州

Lazio

コッラルト・サビーノ

Collalto Sabino

16世紀のバロナーレ城を中心に、美しい山々に囲まれた村

16世紀のバロナーレ城を中心にして造られ、15世紀の防壁が城を囲んでいる。城の入り口には跳ね橋があり、内部には広い庭と井戸がある。一番高い塔からは360度の景色が見渡せ、近くのグラン・サッソ(アブルッツォ州アペニン山脈の山岳地帯)の山々やテルミニッロ山を望める。さらに、村の郊外にあるサン・ジョヴァンニ山には、ローマ時代の寺院の跡に建てられた修道院の遺跡が残っている。村はチェルヴィア山公園とナヴェーニャ山公園の中にある。

MAP P277, P441-D-3

村でまず目に入ってきたのが、立派なバラ窓をもつネオ・ゴシック様式のマドンナ・デッラ・スペランツァ教会(上)だった。扉は大きく開かれており、外からも祈りを捧げることができた。石の門を潜って村の中に入る。路地は複雑だったが、どこからもバロナーレ城(左中)が見えたので、道に迷うことはなかった。35度を超える暑さ、石畳からの照り返しもきつく、15分と歩き続けることができない。村人たちは家の中から一歩も外に出てこない。大きな噴水がある理由がわかった気がした。

美しいプラタナスの並木道が旅人を迎え入れてくれた。所々階段となった路地を登り、村の最も高い所にある中世の塔まで行ってみる。どこからともなく猫がやって来た。ドゥオモ・ヴァル・ディ・コミーノ(サン・マルチェロ教会、右中)の扉を開け堂内に入った。身廊から祭壇を眺めていたら、拭き掃除をしていたお婆さんが、「キャンドルに火を灯しましょうか?」と声を掛けてきた。川沿いのバールで、村の男たちが大きな声で雑談をしている。一人のおじさんが、「そこの路地を行ってみろ」と指差す。言われた通りに歩いて行くと、小さなトンネルの中に美しい壁画があった。少し離れた丘の高台から、村の全景を眺めることができた。

ラツィオ州
Lazio

サン・ドナート・ヴァル・ディ・コミーノ
San Donato Val di Comino

迷宮のように入り組む路地が村人を守り、オリーブが自慢の村

石畳の狭い路地や階段、屋根つき通路が複雑に入り組み、まるで迷宮のようである。外敵から身を守り、冬に寒風の勢いを和らげるための知恵だという。コミーノ渓谷の懐に抱かれた標高700mの村では、中世からその自然を生かしてオリーブオイルがつくられてきた。特に16世紀、デ・マリナ家がスペインから取り寄せて育てた「マリネオリーブ」からは風味豊かなオイルがつくられ、今は村自慢の一品となっている。

MAP P277, P441-D-4

ラツィオ州
Lazio

スビアーコ
Subiaco

修道院が たくさん建てられ、 宗教的に 大きな位置を占める村

ベネディクト派の修道院があり、宗教的に重要な地である。現在では、サンタ・スコラスティカ修道院とサン・ベネデット修道院（別名サクロ・スペコ）の2つのみ残っているが、ローマのネロ皇帝の別邸があったところに、6世紀にノルチャの聖ベネディクトゥスが弟子を迎え入れるために13の修道院を建てたのが起源である。サン・ベネデット修道院は、巨大な岩に沿って建ち、内部は岩に掘られた礼拝堂や教会で迷路のような様相である。

MAP P277, P441-D-4

山間に広がる大きな村だった。最初に、目抜き通りに建つ荘厳なサンタンドレア使徒聖堂（右下）を見学した。その後、高台にある城を目指して民家が連なる路地を歩いて行く。古い建造物の前には、詳しい歴史が書かれた案内板が置かれていた。高台の広場には、サンタ・マリア・デッラ・ヴァッレ教会（p293左下）が建っていた。建物は、過去の地震や戦争の被害によって何度か建て替えられてきたという。堂内の聖母像に心打たれた。さらにその先にある大きな時計塔をもつボルジャ城塞（右上）へ行ってみたが、城内の見学はガイドツアーのみ、時間が合わなかったので諦めた。

FESTA DELLA SS. TRI
W LA
SS. TRINITÀ

ラツィオ州

Lazio

スペルロンガ

Sperlonga

ローマ皇帝も別荘として使った洞窟を利用して、海賊から村人を守った村

絶壁の上にある村で、名前はラテン語で「天然の洞窟」を意味する。昔は洞窟の中に別荘を造っていたが、中世に海賊の侵入を防ぐため、サン・マーニオの絶壁に長く険しい階段と狭い道が特徴のこの村が作られた。トルリア、カポヴェント、ニッビオの3つの塔は、海賊を見張るために建てられた。また、ティベリウスの洞窟は、ローマ皇帝の別荘として使用されていた。この別荘から略奪されたものは、現在考古学博物館で見ることができる。

MAP P277, P441-D-4

真っ青なティレニア海を眺めながら村を歩きはじめる。眩しい白壁に思わず目を細めてしまう。その白壁は何層にも塗り重ねられており、長い時の流れを感じた。見晴らしのいい広場には、オリーブの大木が何本も植えられていた。夏の観光シーズンを前に、土産物店と飲食店ではリノベーションが行われている。16世紀に建てられた監視塔（p295右中）を見学してから、海沿いのリストランテで、エビ、タコ、イカ、ムール貝、アサリが入ったペスカトーラを食べる。店のホームページに料理のコメントを書いてほしいと、ウエイターからURLが記載されたカードを手渡された。

HOTEL
ALBERGO
PASTICCERIA-GELATERIA
CAFFE

cappella
s. rocco
extra muro

ラツィオ州
Lazio

カステル・ガンドルフォ
Castel Gandolfo

教皇の別荘地として17世紀から知られる、眺望、水景に恵まれた村

12世紀にガンドルフィ家が建てた城で、カステル（城）・ガンドルフィ家が村の名前の由来となっている。1626年から現在に至るまで、教皇の別荘となっている。8月に教皇の館で開催されるミサにはたくさんの人が訪れる。教皇の館の庭や噴水は、ローマのスペイン広場の舟の噴水（バルカッチャの噴水）や、ヴァチカンのサン・ピエトロ大聖堂の天蓋等を手がけたベルニーニが制作したものである。

MAP P277, P441-D-4

見晴らし台から美しいアルバーノ湖を一望することができた。カヤックの練習をしている人たちがいる。目抜き通りには土産物店やリストランテが軒を連ね、ローマ教皇の肖像写真を売る店がたくさんあった。美しいクーポラをもつサン・トッマーゾ・ダ・ヴィッラノーヴァ教会（左下）で祈りを捧げる。ガンドルフォ城の前まで行ってみる。もちろん中に入ることはできない。村の中の大きな建物を眺めていたら、部屋の窓辺に置かれた望遠鏡に気づいた。ローマ郊外にある小さな村は、夜、美しい星空を眺めることができるのだろう。

MADE IN ITALY
DIPINTO A MANO
HAND PAINTED
PEINT A LA MAIN
PINTADO A MANO

ラツィオ州
Lazio

オルヴィーニオ
Orvinio

美しい教会と新鮮な空気の中に、歴史と美術を感じる村

サンタ・マリア・デイ・ラッコマンダーティ教会、サン・ジャコモ教会、サンタ・マリア・ディ・ヴァッレボーナ教会があり、バロック時代の画家ヴィンチェンツォ・マネンティの作品を見ることができる。特にサン・ジャコモ教会は、ヴァチカンのサン・ピエトロ大聖堂の天蓋等を手がけたベルニーニの手になる建築である。また、村の城は16世紀にオルシーニ家により拡張されたものである。

MAP P277, P441-D-3

サンタ・マリア・デイ・ラッコマンダーティ教会（下左）ではちょうど結婚式が行われており、教会前は随分と賑やかだった。路地を歩いて村の奥にある円筒形の塔の近くまで行ってみたが、私有地の中にあり、近づくことはできなかった。目抜き通りにリストランテがあったので入ってみる。ウエイトレスは、日本人がこの村に来たことをとても喜んでくれ、ズッキーニのオリーブオイル漬けとモッツァレッラチーズをサービスしてくれた。紙のメニューはないという。パスタを注文したら、ミートソースのフェットゥチーネが出てきた。熱々でとても美味しかった。

ラツィオ州
Lazio

カンポディメーレ
Campodimele

円形の防壁の中で 静かに暮らす村人たち、「蜂蜜の野原」の名をもつ村

山頂に位置し、周りの谷が全て見渡せる。村名の由来は、ラテン語の「カンプス・メッリス」から。「蜂蜜の野原」という意味である。その昔は、羊飼いや木こりがひっそりと暮らす隠れ里のようであった。村は円形の防壁に囲まれていて、11世紀に造られた塔がある。その防壁の中の空間は、現在でも住居として利用され、国の文化財として守られている。防壁の外にある道は、「愛の道」また「恋人の道」と呼ばれ、昔ながらの自然な息吹を感じながら散策できる。

MAP P277, P441-D-4

小高い山の上にある小さな村で、一周するのに10分と掛からなかった。宿とリストランテはどこにもない。誰とも会わずに村巡りが終わるだろうか……と思っていたら、路地で話をするお婆さんたちを見つけた。なぜこの村に来たのか、次はどの村へ行くのか、興味津々で尋ねてくる。見晴らしのいい場所に大きな野外劇場があった。演壇の背後には美しい山並みが広がっている。光や風を感じながら芝居を演じる役者たちの姿を想像した。

ラツィオ州

Lazio

ボヴィッレ・エルニカ
Boville Ernica

貴重なモザイク画、尼僧の手仕事など美しいものにあふれる村

サン・ピエトロ・イスパーノ修道院には、ジョット・ディ・ボンドーネ作の天使のモザイクがあり、現存の物はここでしか見る事はできない。修道院の尼僧が作る刺繍は、花嫁道具（シーツやテーブルクロス）、また乳児の衣類等に用いられている。春のイースター（復活祭）の時期には、民族の音楽が楽しめ、美術の展覧会などがある。リストランテでは、イースター料理が楽しめる。村はさまざまな催しで賑わう。

MAP P277, P441-D-4

大きな門を通って村の中に入る。広場にはローマのサン・ジョヴァンニ・デイ・フィオレンティーニ教会に似たファサードをもつサン・ミケーレ・アルカンジェロ教会（右中）が建っていた。近くでおじさんが新鮮なフルーツや野菜を売っている。ビワを買おうとしたら、お金はいらないよと言って１個くれた。お礼にイチゴを１箱買ったら、おまけだと言ってもう１箱手に持たせてくれた。イチゴを抱えながら路地を歩く。村のいたる所に歴史的建造物が残されている。塔やバルコニーがある大きな民家もたくさんあった。

Abruzzo

アブルッツォ州

マルケ州
Ascoli Piceno
ウンブリア州
チヴィテッラ・デル・トロント P318
A14
Teramo
Pineto
アドリア海
A24
P328 ピエトラカメラ
カステッリ P302
チッタ・サンタンジェロ P308
ペンネ P314
Pescara
サント・ステファノ・ディ・セッサーニオ P320
カステル・デル・モンテ P309
ラクイラ
L'Aquila
アブルッツォ州
Chieti
ロッカ・サン・ジョヴァンニ P310
E80
P315 ナヴェッリ
A25
アッバテッジョ P312
A14
カラマニコ・テルメ P317
E55
E80
A25
P313 ブニャーラ
P322 タリアコッツォ
パチェントロ P304
イントロダックア P311
P316 アンヴェルサ・デッリ・アブルッツィ
ペットラーノ・スル・ジッツィオ P321
ラツィオ州
P330 ヴィッララーゴ
P326 スカンノ
オーピ P324
モリーゼ州
0
50km

アブルッツォ州
Abruzzo

カステッリ
Castelli

マヨリカ焼で装飾された教会はぜひ訪ねたい、陶器を楽しめる村

カステッリは、「城」という意味である。村は標高500mの高さに位置し、中心には村役場とサン・ジョヴァンニ・バッティスタ教区教会がある。サン・ドナート（デッラ・コーナ）教会は、イタリアで唯一天井がマヨリカ焼で装飾されており、1615～1617年にかけて村の全ての陶芸職人が参加して制作された。村の中心広場からは、グラン・サッソの山々の眺望が広がる。

MAP P301, P441-D-3

村にはたくさんの陶器の店が軒を連ねていた。大きなガラスのショーケースを置き、作品を展示販売している通りもある。飾り皿や壺などを丁寧に見て、デザインや色彩の美しさを楽しんでいたら、村巡りにかなりの時間を費やしてしまった。他の観光客は見掛けない。この野外美術館を独り占めできる喜びに浸った。ある建物の地下にあったリストランテに入り、この地区の郷土料理であるタッコーニの子羊肉和えを食べた。店を出るとき、ウエイターに「とても美味しかった」と伝えたら、満面の笑みをくれた。

ERAMICHE N. Facciolin

村に入り真っ先に目に飛び込んできたのが、カルドーラ城の巨大な塔とピラミッド型の尖塔をもつサンタ・マリア・デッラ・ミゼリコルディア教会(p305下、p307)の鐘楼だった。村の中には、壁が剝がれた古い建物がたくさん建っている。しかし、どの路地も清掃が行き届き、所々に花が飾られているので、清潔感があった。陶器でできたドアの横の家番号は、一人のアーティストが作ったものだろう。教会の扉を開けて堂内に入ってみる。柱頭と天井に施された白を基調とした彫刻が素晴らしく、思わず言葉を忘れて見入ってしまった。裏山へと続く道を行き、開けた場所から村の全景(p10-11)を眺める。まさに一枚の絵画のようだった。数年後、この村を再訪しようと心に誓った。

アブルッツォ州

Abruzzo

パチェントロ
Pacentro

国立公園の中に位置し、10世紀に築かれた城が建つ村

山に囲まれた村は、マイエッラ国立公園の中央に位置している。一番高い標高はアマーロ山頂の2800mにもなる。村の中心部の高みには10世紀の建物のカルドーラ城が堂々と建つ。13～15世紀にかけて増築され、広大な城になった。マドレ教会は16世紀の教会で、鐘楼は州で2番目の高さを誇る。村近くのヌスカの丘にある洞窟には石器時代の壁画が残っており、弓矢をもって狩りをしている8人の狩人の姿が黄土色で描かれている。

MAP P301, P441-E-3

アブルッツォ州
Abruzzo

チッタ・サンタンジェロ
Città Sant'Angelo

はるかにアドリア海を望み、ワインやオリーブオイルで有名な村

「天使の街」という名をもつ村からは、グラン・サッソの山々とペスカーラ市の海岸線が見える。メインストリートに細い道が絡むように延び、中世の村の特徴がよくわかる。村のシンボルであるサン・ミケーレ・アルカンジェロ教会は、1326年に彫刻家ライモンド・ディ・ポッジョによって造られた玄関が素晴らしい。内部はバロック様式となっている。DOP認証をもつワインやオリーブオイルでも有名である。

MAP P301, P441-E-3

まるで町のような雑多な感じの目抜き通りが村の奥へ向かって延びていた。食料品店や雑貨店などがあったが、客は入っていない。3つの大きな教会があり、その中で1571年に建てられたサン・フランチェスコ教会を見学することができた。クーポラの採光窓から光が差し込んでいたので、祭壇は路地よりも明るく感じた。小さなトラットリアがあったので入ってみる。ピザしかなかったので、お勧めを1枚注文して食べた。村に1泊しようと思いホテルを探したが、見つからなかった。

山の斜面にある村は、遠くからでもその姿を確認することができた。村の中はとても静かだった。暮らしている人がいるのだろうか……と疑いたくなるほど、路地を歩き回っても村人と出会わない。突然、大きな鐘の音が鳴り響いた。音のする方へ行ってみると、そこには小さなチャペルが建っていた。扉には鍵が掛かっており、中に入ることはできない。山側で、モダンな建物が連なる通りを見つけた。食料品店や雑貨店、バールもある。そこでようやく最初の村人と出会った。

アブルッツォ州

Abruzzo

カステル・デル・モンテ

Castel del Monte

「山の城」の意味をもち、バロック様式の教会がある村

村のシンボルは、高みに建つ堂々とした鐘楼である。バロック様式のマドンナ・デル・スッフラージョ教会には、16世紀の金のパイプオルガンと、高さ12mの祭壇がある。この祭壇は木造だが金箔で覆われており、内部には15世紀のマドンナの像が安置されている。教会の隣には、サン・マルコ谷とカラショ要塞が見られる展望台がある。

MAP P301, P441-D-3

アブルッツォ州
Abruzzo

ロッカ・サン・ジョヴァンニ
Rocca San Giovanni

昔ながらの美しい海岸線を保ち、アドリア海を一望できる村

今でも13世紀の防壁が一部残っており、中世の塔を見ることができる。この村はトラボッキ海岸の近くにあり、村の高みからはアドリア海が一望できる。トラボッキとは、昔から漁で使われていた小屋と網のことで、現在でも実際に使われている。この地域の美しい海岸線はEUの認証を受け、さらに2004年には「バンディエラ・ブルー（青い旗）」という自然環境が美しくよく保たれていることを讃える認証も受けた。

MAP P301, P441-E-3

村の中央に大きな広場があった。バールで雨宿りする男たちが、突然現れた旅人を目で追っている。サン・マッテオ教会（右中）には鍵が掛かっていた。誰か開けてやったらどうだ、と男たちが言っているのがわかった。狭い路地の壁に、額に入った絵が飾られていた。絵は印刷物だったが、何年も前からこの場所にあるようだ。村の境には石垣が連なり、その先は垂直に落ち込む深い谷になっていた。雨で濃い霧が発生していたため、海を眺めることはできなかった。

アブルッツォ州

Abruzzo

イントロダックア

Introdacqua

「水の中」という意味が村の名前になった、水源豊富な村

1706年に造られた噴水は、村の中心まで水を運ぶ大切な役割を担っていた。また17世紀の鐘楼は、過去4～5回の地震でも崩れずに残ったことから、安全の象徴となっている。村の一番高い場所には塔があり、防壁は特徴的な六角形をしている。さらに、マドレ教会は15～16世紀に建てられたもので、内部には守護聖人フェリチャーノの遺骨が納められている。

MAP P301, P441-E-3

村のてっぺんに建つ塔（左下）を目指して歩いて行く。塔の中に入ることはできなかったが、俯瞰で眺める村の全景は素晴らしく、しばし時を忘れて見入ってしまった。目抜き通りには、3～4階建ての綺麗な建物が連なり、どこかの街を歩いているような気分になった。礼拝が終わった直後らしく、マドンナ・アッドロラータ教会前の広場にはたくさんの村人たちが集い、皆話に夢中になっていた。18世紀に建てられたマリア・サンティッシマ・アッドロラータ信者会教会（中）に入ってみる。小さな大理石の祭壇には、聖母を描いた絵画が飾られていた。

アブルッツォ州

Abruzzo

アッバテッジョ
Abbateggio

アブルッツォ州の母なる山といわれるマイエッラ山の麓にある村

その昔、山に住む修道僧たちが、エルチーナの丘が光り、聖母マリアが出現するのを見たといわれている。グラン・サッソの山々が連なる雄大な景色を望むその丘には、1927年に再建されたエルチーナの聖母祈禱堂があり、15～16世紀にかけていくどか聖母が出現したことを祀っている。祭壇の下には、聖母がその木の下に出現したといわれるトキワガシの幹が置かれている。

MAP P301, P441-E-3

丘の高台に位置する小さな村。ここに約420人が暮らしているという。石造りの古い民家と、白壁の新しい民家が混在している。食料品店や雑貨店などの店はどこにもなかった。「シュッ、シュッ」という音が聞こえてきたので音のする方へ行ってみると、お婆さんが玄関の周りを箒《ほうき》で掃いていた。目が合うと軽く微笑んでくれる。サン・ロレンツォ教会やマドンナ・デル・カルミネ教会を巡りながら2時間ほど村で過ごしたが、結局出会ったのはお婆さん一人だけだった。

アブルッツォ州

Abruzzo

ブニャーラ
Bugnara

11世紀から貴族の屋敷が建てられ、ローマ時代の遺跡が残る村

サンティッシモ・ロサーリオ教会は1602年に建てられたバロック様式の建築で、隣には15世紀の噴水がある。また11世紀に建設された公爵の屋敷は堅固な建物で、地下には秘密の廊下があるといわれているが、未だに発見されていない。マドンナ・デッラ・ネーヴェ教会は11世紀のゴシック様式で、ローマ時代の寺院遺跡の上に建てられている。教会内部にはローマ時代の遺跡が残っている。

MAP P301, P441-E-3

村はなだらかな山の斜面にあった。どの通りからも見晴らしが素晴らしく、数km先にあるハイウェイの高架もよく見えた。数軒の古い民家で修繕工事が行われていた。また、主を失ってから何年も経つ民家もたくさんあった。小さな広場に、バロック様式のサンティッシモ・ロサーリオ教会が建っていた。中には入れなかったが、堂内の美しさは、プレートの下にある写真からわかった。周辺のオリーブ畑を歩いているとき、一匹の犬が後をついてきた。

ペンネ湖近くの高台に広がる大きな村で、モダンな建物やスーパーマーケットが立ち並ぶ町と呼べる場所もあった。まずは西側の門から中に入り、古い民家が連なる集落や、1886年に造られた大きな水場（中）を見学した。美術館のような立派な建物は、ごく普通の洋服店（右上）だった。東側の門の方には、サン・ニコラ教会（上中）、サンタゴスティーノ教会（右中）など、14～16世紀に建てられた煉瓦造りの美しい教会が幾つか建っていた。

アブルッツォ州

Abruzzo

ペンネ

Penne

丘からの眺望と煉瓦造りの建物が見どころの村

村は眺望のよい2つの丘の上に広がる。時代の変化や1944年の空襲によって壊されてしまった部分もあるが、煉瓦造りが村の古い部分の特徴である。村への入り口で最も美しいのは1780年のサン・フランチェスコ門である。歴代の領主の館を眺めながら進むとドゥオモにたどり着く。868年には既にあったことがわかっており、地下聖堂、扉口、バラ窓と鐘楼がオリジナルで残っている。地下聖堂は聖宝物を収蔵する博物館につながっている。

MAP P301, P441-E-3

アブルッツォ州

Abruzzo

ナヴェッリ

Navelli

13世紀に遡る ゲットーが残り、農業、貿易で豊かな村

村の伝説では、9つの村が十字軍として協力して聖戦を戦ったのち一つの村となり、ナヴェッリの村ができたといわれている。古くからこの村は羊飼いと農民の村であり、サフランの貿易で潤ってきた。サン・セバスティアーノ教会には鐘楼があり、以前は城の所有であった。教会は1703年の地震の後、バロック様式に改修された。村のチヴィタレテンガ地区には、13世紀に遡ることができるゲットーが残っており、シナゴーグや街並みが美しい。

MAP P301, P441-D-3

牧草地では、一人の農民がピッチフォークで干し草を集めていた。車を停めた噴水広場も、民家が連なる村の中も、ひっそりと静まり返っている。路地の階段を登って行くと、途中から全ての建物が廃墟になった。風に晒される石組みのアーチ、石壁、木の門の隙間に、ライラックやバラが咲いている。村の最も高い所に、人が暮らしている城(中)がポツンと建っていた。村を去るとき、小さなリストランテで、この州の伝統パスタ、トマトソースのキタッラを食べた。

アブルッツォ州

Abruzzo

アンヴェルサ・デッリ・アブルッツィ

Anversa degli Abruzzi

18世紀の地震で倒壊した城を象徴する峡谷に位置する村

標高600mにあり、サジッタリオ川の流れによってできたサジッタリオ峡谷にある。アブルッツォ州では、サンタ・マリア・デッレ・グラッツェ教会の門だけが石灰質の石で造られている。この教会には神秘的な美しさのバラ窓があり、サングロ家の紋章と村の紋章（コンパスに蛇が2匹巻き付いている）が描かれている。12世紀からあった城は1703年の地震により倒壊し、現在は一部のみ見ることができる。

MAP P301, P441-D-3

峠越えを楽しむサイクリストやハイカーたちがバールでひと休みをし、村のお年寄りたちと会話を楽しんでいた。11世紀に建てられたロマネスク様式のサン・マルチェロ教会に入ってみる。イエス・キリストの肖像画の周りにある柱頭彫刻があまりにも素晴らしく、思わず見入ってしまった。路地を歩いて高台にある朽ちかけたノルマン城の塔まで行ってみる。塔は個人宅の庭にあり近づくことはできなかった。

アブルッツォ州

Abruzzo

カラマニコ・テルメ

Caramanico Terme

オルフェント川とオルタ川の合流点の突端に造られた村

今では廃墟と化した城やサンタ・マリア・マッジョーレ教会の堅牢な防壁に守られていた。教会の建物は重厚なゴシック様式の扉口をもち、1452年のものである。また、中心部から約5kmのところにあるサン・トッマーゾ・ベケット大修道院は、1202年に建設が始まったが、未完成で終わっている。内部には貴重な高肉《たかにく》彫の作品や「聖なる柱」、地下聖堂の井戸などが保存されている。

MAP P301, P441-E-3

近くにはマジェッラ国立公園があった。美しい自然とのふれあいを求め、夏場は多くの観光客が訪れる。村の入り口には数軒のホテルが建っていた。営業している一軒のホテルを見つけ、部屋（40ユーロ）を確保した。夕方から村歩きをはじめる。珍しく、山の裾野に向かって民家が連なっていた。サン・ニコラ・ディ・バーリ教会（中）に入り、素晴らしい絵画を鑑賞する。13世紀以前の資料は残っていないため、この聖堂の起源はわからないらしい。夕食はホテル近くのリストランテでとった。この日のメインは豆のラヴィオリだった。

アブルッツォ州

Abruzzo

チヴィテッラ・デル・トロント
Civitella del Tronto

アブルッツォ州から流れ出るトロント川の「チヴィテッラ(小さい街)」という名前の村

村の特徴は「ルエ」と呼ばれる狭い道である。村の一番高いところには16世紀にスペイン人が建てた要塞があり、広さは2万5000㎡にもなり、ヨーロッパの中でも大きいものである。この要塞は昔、ナポリ王国の最北の要であった。最近改修されたサン・フランチェスコ教会は、鐘楼とバラ窓が特徴的で、内部はバロック様式となっている。

MAP P301, P441-D-3

村は、まるで空に浮かぶ要塞都市だった。かなり観光地化しているだろうと想像したが、村の中はいたって素朴だった。土産物店やリストランテも少ない。教会を巡りながら細い路地を歩いていたら、時おり、旅人のことなど全く興味なさそうに猫がゆっくり目の前を横切って行く。高台にある要塞(p319)にはエスカレーターで行くことができた。門を潜った先には、小さな板石が敷かれた広場があり、その周りに住居の跡、奥には博物館があった。城壁から身を乗り出し、風を感じながら眺める丘陵の風景は素晴らしかった。

アブルッツォ州

Abruzzo

サント・ステファノ・ディ・セッサーニオ

S. Stefano di Sessanio

メディチ家の繁栄とともに、華やかな隆盛を迎えた村

13～14世紀には封建領主の下、アクイラの地の重要な戦略基地として堅固な防壁に囲まれて発展した。さらに、1579～1743年の間、村はメディチ家の所有であり、フィレンツェの領主がもたらす毛織物やその他トスカーナの製品によって最も華やかな隆盛の時期を迎えた。村のあちこちにメディチ家の面影が残っており、メディチの塔からは白い石で造られた家々が一望できる。さらに、村の西南の門には、今でもメディチ家の家紋が見られる。

MAP P301, P441-D-3

なだらかな起伏をもつ岩山に延びた道を行くと、小さな村が現れた。満開のライラックの花が出迎えてくれる。村の中には、今にも崩れ落ちそうな建物が幾つもあり、所々で修繕工事が行われていた。村のシンボルとなる塔が見当たらない。不思議に思い村のてっぺんまで行ってみると、塔は朽ち、新しい塔を造り始めていた。洒落たデザインの窓、天使の彫刻、ドアのトールペイントなどを見ながら路地を歩く。可愛らしいクラフトを売る店を見つけたが、ドアには鍵が掛かっており、中には入れなかった。

細い路地は複雑に入り組み、何度も道に迷ってしまった。所々にある階段を上へ上へと登って行く。やがて、見晴らしのいい小さな広場に出た。噴水から水音が聞こえてくる。カンテルモ城へと続く門の先には、リストランテとバールがあった。大きなドイツ車が停まっている。どの道を通ってここまでやってきたのか、不思議で仕方なかった。1703年の地震で深刻な被害を受けたというサンタ・マリア・マードレ・デッラ・キエーザ教会があった。礼拝が行われていたので、終わるのを待ってから堂内を見学した。

アブルッツォ州

Abruzzo

ペットラーノ・スル・ジッツィオ

Pettorano sul Gizio

中世後期の雰囲気を残す村

その昔、6つの門があったが、現在は5つが残っている。産業考古学公園の入り口にはムリーノ門があり、昔の水車が見られる。また、建築年不明ながら、1112年にその存在が確認されているサン・ニコラ教会も素晴らしい。カンテルモ城は、村を守り、交易の監督をする役目を担っていた。現在は修復され、立派な防壁も見学することができる。1300年代の領主カンテルモ公爵の屋敷の噴水は一見の価値がある。

MAP P301, P441-E-3

アブルッツォ州

Abruzzo

タリアコッツォ

Tagliacozzo

オベリスコ広場を中心に、貴族の屋敷が美しく残る村

さまざまな封建領主に治められてきたが、特にオルシーニ家とコロンナ家の間で揺らいできた。随所にオルシーニ家のバラの紋章やコロンナ家の若干傾いた柱の紋章が見られることだろう。オベリスコ広場は村人にとって心休まる場所で、広場の中心には、1825年の噴水とオベリスクがある。その昔、噴水があった場所には石があり、借金を返済できない者は石の上に座らされ、さらし者にされたという。さらに、公爵の屋敷もとても美しい。

MAP P301, P441-D-3

車がやっと1台通れるくらいの幅の狭い門を潜ると、大きなオベリスコ広場(上)に出た。噴水の周りでは、子供たちが水を掛け合って遊んでいる。豊かな水量を湛える川が、村のすぐ横を流れていた。所々小さな滝になっているので、かなり大きな水音が路地に響いてくる。しかしその川は、広場の手前で地下の水路へと吸い込まれるようにして消えた。美しいバラ窓をもつサン・フランチェスコ修道院(下)に入ってみた。回廊へと続く門の天井には、聖人たちの肖像を描いた見事なフレスコ画があった。

NORCINERIA
STAGIONATURA
al NATURALE
PROSCIUTTI
SALAMI
PRODUZIONE PROPRIA
SALSICCE
FEGATELLI
LONZE

アブルッツォ州

Abruzzo

オーピ

Opi

中世の建物が残り、カモシカが多数生息する自然豊かな村

1250mの高さにある村には、中世そのままの建物が数多く残っている。サン・ジョヴァンニ礼拝所は、バロック様式最盛期の建物で、最近の改修により昔の木造装飾や、多色大理石を用いた壁が発見された。自然豊かな村には「カモシカの博物館」がフォーチェ渓谷の近くにあり、村のシンボルであるカモシカについて学ぶことができる。博物館の建物は1600～1700年代にかけて建てられた貴族の館だったものである。

MAP P301, P441-D-4

崖の上に建物が連なる村の絶景は、見ていて飽きなかった。村に入りまず目に飛び込んできたのが、1903年に建てられた円筒形の塔だった。その塔を軸として、村の奥へと続く道が延びている。サンタ・マリア・アッスンタ・マードレ教会（中）とサン・ジョヴァンニ・バッティスタ貴族礼拝所（下）はどちらも扉が開いており、堂内を見学することができた。村の中にはいたる所に見晴らしのいい場所があった。雲の切れ間から眩しい日の光が顔を出すと、眼下に広がる緑の木々や草がパッと色鮮やかになる。この美しい村に1泊したかったが、残念ながらホテルとリストランテはどこにもなかった。

アブルッツォ州

Abruzzo

スカンノ

Scanno

17~18世紀に大いに繁栄し、洗練された服飾デザインを残す村

羊の放牧で潤った村人たちは、屋敷の玄関や柱、天使の像などを造りあげ、その豪華さを競いあった。また、村で作られる女性の伝統的な衣装やジュエリーも素晴らしく、考え抜かれたデザインからは17～18世紀にかけての村の繁栄ぶりが垣間見える。防壁と4つの門があったが、今では防壁は全てなくなり、デッラ・クローチェ門のみが残っている。また、サンタ・マリア・ディ・コスタンティノーポリ教会のフレスコ画は一見に値する。

MAP P301, P441-E-4

石造りの建物が密集して建つ村の全景（p24-25）を見たとき、驚愕し言葉を失った。ここに約2000人が暮らしているという。村人たちが集う広場には、サンタ・マリア・デッラ・ヴァッレ教会（左下）が建っていた。その横から延びる目抜き通りには、食料品店、生活雑貨店、土産物店があり、中でも八百屋とチーズ店にはひっきりなしに客が訪れていた。建物に統一感があるので、路地を歩くのが楽しい。どの民家も自然風化により黒ずんだ状態だったが、修繕は行き届いているようだった。村の中には、数軒のリストランテがあり、旅行者の姿も見掛けた。ウエイターに伝統料理をオーダーしたら、やはりこの村でもアブルッツォ州発祥のキタッラが出てきた。

ALIMENTARI ANGELINA - FRUTTA E VERDURA
MATER ET DECOR CARMELI
ORA PRO NOBIS
91

アブルッツォ州

Abruzzo

ピエトラカメラ
Pietracamela

車のギアのローとセカンドをこまめに切り替えながら、つづら折りの険しい山道を登って行く。道を間違えたかな……と不安になりはじめた頃、目の前に素朴な集落が現れた。村の入り口には小さなバールがあり、男たちが雑談をしている。水を買おうと中に入ると、突然現れた日本人に誰もが驚いていた。静かな路地を歩き始める。昔の人はどうやってこんな山奥に石材を運んだのか不思議でならなかった。村の最も高い所に、村のシンボルとなっている巨大な岩があった。日が沈むと急激に気温が下がってきたので、急いで先ほどのバールに向かった。

厳しい生活環境ながら、魅力的な風景を残す村

村は、大きな岩の塊のようなグラン・サッソに登って行く岩に囲まれた場所にある。昔はこの地で生きていくことは容易ではなかったため、多くの住民が村を離れていったが、現在では厳しい環境にもかかわらず古い家を修復して戻ってくる人々がいる。広大な山々や、昔ながらの石の家が残る素敵な村である。16 世紀建造のサン・レウチョ教会では、見事な木製の祭壇を見ることができる。

MAP P301, P441-D-3

アブルッツォ州

Abruzzo

ヴィッララーゴ
Villalago

家々の紋を見て回るのも楽しい、建築を楽しめる村

山肌を縫うようにカーブの多い道が村へ向かって延びていた。15分もあれば一周できてしまうような小さな村だ。中央の広場は、緩やかな階段になっていた。そこで遊んでいた女の子たちが恥ずかしがりながら、「どこの国から来たの？」と声を掛けてくる。14世紀に建てられたロマネスク様式のマドンナ・ディ・ロレート教会(左中)の前を通り、村の最も高い所にある円筒形の塔まで行ってみる。門には鍵が掛かっていたが、隙間から中を覗くことができた。昔の農機具を展示する小さな博物館(右中)になっていた。

ヴィッララーゴは「湖の谷」の意味をもつ。周囲に9つもの湖があったが、現在ではそのほとんどがなくなってしまっている。村の特徴はアーチ型のトンネルの上の住宅である。家の玄関には、動物や花、人の顔を表した紋があしらわれ、家によって異なるのが興味深い。元の村役場庁舎は、昔、サン・ジョヴァンニ・バッティスタ教会として使用されていた。 また、カンチェッレリーアの館は、19世紀まで行政機関として使用されていた。

MAP P301, P441-D-3

Molise

モリーゼ州

アドリア海
A14
E55
アブルッツォ州
モリーゼ州
P332 フォルネッリ
P334 フロゾローネ
オラティーノ P338
カンポバッソ
Campobasso
ラツィオ州
プーリア州
セピーノ P336
カンパーニャ州
0
50km

モリーゼ州
Molise

フォルネッリ

Fornelli

フルーティーな オリーブオイルが自慢。 中世の様子を よく残した村

村を取り囲む防壁や中世の頃の区画が今でもよく残されている。防壁は981年の資料に記され、既に存在していたことがわかっている。防壁に付随する7つの塔はノルマンとアンジュー帝国時代に造られたもので、村の一番古い区画の防衛に役立っていた。サン・ミケーレ・アルカンジェロ教会には、1738年に建てられた鐘楼がそびえたつ。また、村はオリーブ畑に囲まれ、フルーティーで軽い味わいのオリーブオイルが生産される。

MAP P331, P441-E-4

集落は見晴らしのいい高台にあった。城壁からの眺めはよく、遠くの山々を一望することができ、何より風が心地よかった。L字形のトンネルになった重厚な門を潜り、薄暗い路地を歩いて村の中に入って行く。サン・ミケーレ・アルカンジェロ教会の前に置かれたベンチで、お婆さんたちが雑談をしていた。さらに先へ行くと、モダンでカラフルな民家が立ち並ぶ一角に出た。玄関前には花や植木が飾られている。村の中は、新旧２つの世界が共存しているような気がした。城壁を出たところに、大きなサン・ピエトロ・マルティレ教会(p333左下)が建っていた。

69
WELCOME
POSTA

フロゾローネ
Frosolone

美味しい チーズをどうぞ。 手仕事と 酪農が盛んな村

オルソ丘陵に位置する村では、乳牛や羊が放牧されるのどかな光景が印象的だ。山の上には巨岩がそそり立ち、ロッククライミングを楽しむ人もいる。職人工業が盛んで「ムゼオ・デイ・フェッリ・タリエンティ（鉄刃物博物館）」では昔からの刃物のコレクションや刃物を製作する様子が見られる。また「カゼッタ・デル・パストーレ（羊飼いの小屋）」では、チーズ作りが実演されている。見学後は美味しいチーズに舌鼓を打ちたい。

MAP P331, P441-E-4

目抜き通りを歩き始めたら、枝分かれする路地の美しさに思わず見とれた。「羊飼いの小屋」（p335）があったので入ってみる。壁一面に、農機具、食器、古い写真が展示してあった。お爺さんがいたので尋ねてみると、残念ながら今日のチーズ作りは既に終わってしまったという。明日また戻ってくるようにと言われ、チーズを一切れくれた。近くには、サン・ピエトロ使徒教会（下）とサンタ・マリア・アッスンタ教会があり、どちらも堂内を見学することができた。村は鍛造が盛んでハサミやナイフの産地として知られているが、それらを販売する店は見つけることができなかった。

モリーゼ州

Molise

セピーノ
Sepino

2000年の歴史をもつ温泉と貴重な聖遺物を守る村

羊飼いの休憩のために山道の途中にできたのがセピーノの「古い村」であった。今でも標高950mにある古い村までは、美しい自然の中を散策しながらたどり着くことができる。紀元前293年にローマに占領され、ローマの主要道路に沿い新たな村が造られた。そこから湧き出る温泉は2000年以上の歴史をもち、鉱泉水は今でも珍重されている。サンタ・クリスティーナ教会には、貴重な聖遺物や古い羊皮紙が保管されている。

MAP P331, P441-E-4

まずは大きな広場に出た。雑談をしていたおじさんたちがいっせいにこちらを振り向く。ユニークな形をした尖塔をもつサンタ・クリスティーナ教会（上、下）の扉を開け中に入ってみた。丸窓から差し込む光で、堂内は暖かな色彩に染まっている。クーポラの壁に描かれた聖人像、身廊の天井の宗教画が素晴らしかった。路地を歩く。隅々まで清掃が行き届いており、枯れ葉一枚落ちていない。鉢植えの花に水をあげていたおばさんが、「なぜこの村に来たの？」と興味津々で尋ねてくる。愛犬を抱いた少年が、「チャオ」と声を掛けてくれた。

44

モリーゼ州
Molise

オラティーノ
Oratino

貴族が芸術家を支援し、その作品が今も残る、美術愛好家におすすめの村

16～18世紀に貴族が積極的に芸術家を支援したため、村のいたる所で今でも芸術作品が見られる。中でも彫刻家や金銀細工職人の細かい仕事は素晴らしい。1251年建造のサンタ・マリア・アッスンタ教会にはチリアコ・ブルネッティ作のフレスコ画、イサイア・サラーティ作の聖体顕示台が保存されている。また、サンタ・マリア・ディ・ロレート教会のマドンナ・デル・ロザリオ像とサン・アントニオ・アバーテ像も興味深い。

MAP P331, P441-E-4

サンタ・マリア・アッスンタ教会と円筒形の塔を中心に、民家が円を描くように立ち並んでいた。ドアの周りや窓枠に、花を飾っている民家が多い。たくさんの鉢植えの植物を置き、薄暗い路地を明るく見せている場所もあった。10分ほどで一周することができる村だったが、村人たちが、この村での暮らしを心から愛していることがよく伝わってきた。丘陵を一望できる広場には小さな公園があり、大きな噴水があった。節水しているのだろうか、水は流れていなかった。村を立ち去るとき、小高い丘の上から村の全景を眺めた。

Campania

カンパーニャ州

南部

カンポバッソ
Campobasso
Latina
ラツィオ州
モリーゼ州
Foggia
プーリア州
E45
A1
カンパーニャ州
P348 サンタガタ・デ・ゴーティ
A16
P352 モンテヴェルデ
E842
Avellino
ヌスコ P344
A30
ナポリ
Napoli
バジリカータ州
Ischia
E841
ポテンツァ
Potenza
P350 アルボリ
Salerno
A3
E45
E847
ティレニア海
P346 フローレ
P345 コンカ・デイ・マリーニ
P340 アトラーニ
地中海
カステッラバーテ P342
A3
0
50km

カンパーニャ州
Campania

アトラーニ
Atrani

細かい路地歩きも楽しい、幻想的な風景が美しい村

アトラーニはアマルフィの町から非常に近く、細い小径やアーチのある中世の街並みをよく残している。折り重なるような家々と入り組んだ通りや階段が特徴的だ。無数の漁船が明かりを灯す夜の海は幻想的で、地中海で最も美しい光景の一つである。ネオ・クラッシック様式のサン・サルヴァトーレ・デ ビレクト教会の歴史は古く、940年に遡る。その祭壇の大理石の柵は11世紀終わりのもので、ビザンチン様式が見られる。

MAP P339, P442-C-2

海辺に4～5階建ての建物が密集して建ち、切り立つ崖の方へと続いていた。まずはオリエンタル様式の塔とイスラム様式のドームをもつサンタ・マリア・マッダレーナ・ペニテンテ教会（p341中、右）へ行ってみる。堂内の床と壁は、ステンドグラスから差し込む光によって鮮やかな色に染まり、ドキッとするような美しさをもっていた。次に、村の中にひっそりとたたずむサン・サルヴァトーレ・デビレクト教会（右中）を訪れる。堂内は3つの身廊に分かれ、白を基調としたどの祭壇にも聖母像が置かれていた。路地を歩いていたら、ある民家からお婆さんが出てきた。一歩一歩足下を確かめるようにゆっくりと階段を下りてくる。この村で繰り返されてきたゆったりとした時の流れに心打たれた。

カンパーニャ州
Campania

カステッラバーテ
Castellabate

世界遺産の中に位置する中世の街並みと城塞の村

世界遺産に登録されているチレント・ディアノ渓谷国立公園の中にカステッラバーテはある。海岸の突起部分に位置し、古いアーチや小さな石段、広場、邸宅、また中が相互につながった石造りの住居などが不規則に並んでいるさまは、中世の都市構造がしのばれて興味深い。細い道をたどり広場に出ると、煌めく海の美しいパノラマが開ける。さらに、坂の先にはサラセン人の侵略を防ぐために建てられた堅固な城と城塞がある。

MAP P339, P443-D-2

村は幾つかの集落に分かれていた。まずは、山の上にある集落（p343 右上）へ行ってみる。高台から眺めるティレニア海の青さに思わず息を飲んだ。石造りの立派な鐘楼をもつサンタ・マリア・デ・ジュリア教皇大聖堂（p343 左中）を見学した後、静かな路地を歩く。玄関の周りに花を飾る民家が多かった。リストランテで魚介と野菜を和えたパッケリを食べた後、海沿いの集落へ移動する。カラフルな漁船が浮かぶ港の近くに、色鮮やかなサン・マルコ・エヴァンジェリスタ教会（右上）が建っていた。美しい砂浜がある集落では、お婆さんが釣り糸を垂れていた。

カンパーニャ州
Campania

ヌスコ
Nusco

11世紀に村の発展に尽くした司教が、今は守護聖人となって守る村

アペニン山脈がオファント渓谷とカローレ渓谷を分かつ、標高914mの地点に位置している。7～8世紀には既に城が築かれていたが、11世紀になり村の最初の司教となるアマートが力を尽くして村を発展させた。以来、アマートはヌスコの守護聖人として愛され崇められ、村にはこの守護聖人を祀る大聖堂や遺骨を納めた地下聖堂もある。村からはヴルトゥーレ山や北アペニン山脈、マイエッラの山並みを一望できる。

丘の高台に広がる大きな村。店が連なる通りの先に、石造りの大きなサンタマート司教座大聖堂（左中）があった。長い時の流れを物語るかのように、石と石の隙間にたくさんの草が生えている。村の奥へと続く路地には、オレンジやイエローなど明るい色に塗られた民家がたくさん建っていた。Uターンして広場に戻ろうとしたら、道行くお婆さんに「この先に城があるから行ってみなさい」と言われた。木々が生い茂る小径を歩いて行くと、確かにそこには石造りの塔（右上）と住居の一部が残されていた。

MAP P339, P443-D-2

カンパーニャ州

Campania

コンカ・デイ・マリーニ

Conca dei Marini

海から続く丘の風景が素晴らしい 世界遺産アマルフィ海岸の村

世界遺産のアマルフィ海岸にある村。海に面した下部と丘の上の上部とに分かれ、海から丘に続くレモンやオリーブの畑が海の青に映えて美しい。海のパノラマが広がる所にあるサンタントニオ教会は、マヨリカ焼のタイルで装飾された尖塔の鐘楼をもつ。また村から少し離れているが「ビアンカの塔」は1500年代に使われていた警備塔で、「沈黙の塔」とも呼ばれている。晴れた日は「エメラルドの洞窟」もぜひ訪れてみたい。

MAP P339, P442-C-2

オリーブの木立に囲まれたサン・パンクラツィオ・マルティレ教会（右中）の前の広場は見晴らしがよく、アマルフィの海岸線を一望することができた。真っ白にペイントされた民家の先に小さなホテルがあり、その脇から海へと続く遊歩道が延びていた。10分ほどでビーチに出る。リストランテでムール貝とアサリのフェットゥチーネを食べていたら、日本からの客がよっぽど嬉しかったのか、シェフが挨拶しに出てきた。崖の上に建つカーポ・ディ・コンカ塔（右下）へ行ってみる。今の時期はクローズしていたが、たまたま来ていた村の人が鍵を開けてくれた。建物内には何もなかったが、石壁の模様が美しかった。

カンパーニャ州
Campania

フローレ
Furore

急峻な海岸線に家々が点在し、風景、美食が楽しめる村

古代ローマ時代、蛮族に追われたローマ人がこの地に逃げ込んで住み着いたことからできた村で、アマルフィとポジターノの町を結ぶ海岸線のほぼ真ん中に位置する。村の入り口はフィヨルドの入り江になっていて、海から急にせり上がった岩の急斜面に家々が少しずつかたまって点在している。美味しいワインとシーフードが楽しめる土地である。オリーブやレモン畑、家々の赤い屋根、色鮮やかなマヨルカ焼の壁画が真っ青な海に映える。

MAP P339, P442-C-2

崖肌に延びる細く険しい道を登って行く。案内板により村に入ったことはわかっていたが、車を停める場所を見つけることができず、その先の村まで行ってしまった。断崖にへばりつくように民家が建ち、庭ではブドウを栽培していた。レモンの集荷場があったので入ってみる。日本人の訪問を喜んでくれたお爺さんがレモンを1個くれた。海の方に下りて行くと、切り立つ崖に囲まれた小さな入り江があった。漁師の家だろう、淡いクリーム色の民家が密集して建っている。一軒のリストランテ&バールがあったが、この時期、営業はしていなかった。崖の上で見つけた別のリストランテで、魚介のラグーのスパゲッティを食べる。

RISTO BAR
il Fiordo
LA LOCANDA DEL FIORDO
HOTEL

カンパーニャ州

Campania

サンタガタ・デ・ゴーティ

Sant'Agata de'Goti

教会を彩るフレスコ画、ステンドグラスは必見、古代からの歴史を誇る村

村の中心部は2つの川の流れに浸食された凝灰岩の上にそびえたっている。村の歴史は古く、「エウロパ」のギリシャ神話が描かれた紀元前4世紀の壺が出土している。アヌンツィアータ教会は1239年に創建されたが、1400～1500年代にかけて現在見られる形になった。内部にはフェッランテ・マリオーネ作といわれる「最後の審判」のフレスコ画やブルーノ・カッシナーリ作のステンドグラスがあり、教会を美しく彩っている。

MAP P339, P442-C-2

町とも呼べる大きな村で、深い渓谷と隣り合わせだった。橋を渡った先にノルマン城があり、そこから北へ向かって目抜き通りが延びていた。所々アーケードになっている部分もある。観光客向けだろう、洒落たアクセサリーを売る店もあった。サンタンジェロ・デ・ムンクラニス教会(左下)、サンタ・マリア・ディ・コンスタンティノーポリ教会と、次々と荘厳な教会が現れる。確認できただけで5つの教会があった。シエスタの時間帯で、リストランテはどこも閉まっている。空腹な旅人を気の毒に思ったのか、バールの店員が、サラミ、ハム、チーズを持ってきてくれた。

カンパーニャ州
Campania

アルボリ
Àlbori

明るい壁、ナポリ特有のタイル屋根の家が並ぶ、風光明媚な村

アルボリに人々が住み始めたのは9世紀初めごろ。海賊やサラセン人からの襲撃を逃れるために海岸からおよそ300mの高台に村を作った。海に向かって家々が肩を寄せ合っている。建物は地中海式で、明るい色の壁やナポリ特有のタイルを載せた屋根が印象的だ。背後のファレルツィオ山に登る途中には守護聖人を祀ったチャペルが幾つかあり、眼下にはティレニア海の素晴らしい景色が広がっている。海と山の調和がとても美しい。

MAP P339, P443-D-2

村へと続く道は道幅が狭く見通しが悪いので、車の運転はかなり大変だった。地元の、ほぼすべての車のバンパーに傷がついていた。傾斜がある岩肌に、白やパステルカラーの民家が肩を寄せ合うようにして建ち、背後に広がる碧い海とのコントラストが目に眩しかった。色のタイルを埋め込んだ路地もあり、歩くのが楽しくなってくる。サンタ・マルゲリータ・ディ・アンティオキア教会（左上）を見学した後、リストランテ「ガーデン」に入ってみる。ウエイターに「お勧め料理をお願いします」と告げたら、最初に、アランチーニが、次に海の幸を贅沢に使ったヴォンゴレが出てきた。

カンパーニャ州
Campania

モンテヴェルデ
Monteverde

15世紀に造られた城の周りに位置し、美しい貴族の館が多く残る村

丘の上に堂々と建つ城の周りに巻き付くかのように存在する村。城は現地の石を削り積み上げられたもので、15世紀にアラゴン王国の支配下で造られた。元々はランゴバルド族の防衛のための塔であった。現在の形は、1744年にサンジェルマーノ男爵により邸宅に改造されたものである。村の細い道を歩きボッケッティ通りに着くと、ペロージ邸やスピリト邸など1800年代の美しい貴族の館が見られる。

MAP P339, P443-D-2

牧草地に延びる道を車で行くと、約800人が暮らす小さな村が現れた。歩き始めてすぐに、幾つもの教会があることに気がついた。17世紀に建てられたカルミネ教会（中下）に入ってみる。壁画は新しい時代に描かれたものだったが、逆にそれが新鮮だった。村の中央にある急な階段（左上）を登ると、いっきに高台まで行くことができた。そこには古い塔をもつ教会と巨大な城があったが、どちらも廃墟に近く、中に入ることはできなかった。外気温は35度、かなり暑い。おじさんが車を停め、こんな炎天下を歩いていて大丈夫か？と心配してくれた。

Puglia

プーリア州

プーリア州
Puglia

ロコロトンド
Locorotondo

とんがり屋根「トゥルッリ」の街並みが、おとぎ話の世界に誘う村

ラテン語で「丸い場所」を意味するロコロトンドは、その名の通り丸く円を描いたように造られている。外周にはかつて城壁だった石やモルタルが残っている。村のどの建物も白く塗られ、花や木々の色が映えてとても鮮やかだ。石灰質のグレーの石が特徴的。その薄片で造られたとんがり屋根の「トゥルッリ」は、村をまるでおとぎ話の舞台のようにしている。また、標高約400mの高台からの眺望はムルギア地方随一といわれている。

真っ白な村が目に飛び込んできたとき、まるで丘の上に雪が降り積もっているかのように見えた(p26-27)。心躍らせながら村の中に入ると、民家の壁はもちろんのこと、柱や窓枠、階段まで白くペイントされていた。所々に置かれた鉢植えの木や花は手入れが行き届き、オーナーが愛情をもって育てていることがわかる。18世紀に建てられた荘厳なサン・ジョルジョ・マルティレ・マードレ教会(p355左上、中)の扉を開けた。大きな翼廊がある堂内は優しい色の光に包まれている。クーポラの採光窓に埋め込まれたステンドグラスに秘密があるような気がした。いったん村を出て、オリーブ畑の方へ行ってみる。「トゥルッリ」(p357上)と呼ばれるこの地方の伝統的な民家が点在していた。魅力的な村だったので、丸一日過ごした。

MAP P353, P443-E-2

34

プーリア州
Puglia

ヴィーコ・デル・ガルガノ
Vico del Gargano

砂浜から森まで、自然に恵まれる一方で、中世の芸術作品が残る村

村の景観はまるで18世紀の風景画家が描いた古代の遺跡のようで、絵画的ながらも退廃的な雰囲気が感じられる。16世紀独特の造りや装飾のある住居が残り、中世の教会では絵画などの芸術作品を見ることができる。また、四角形の形が特徴的な城は、ノルマン人からアラゴン朝までの支配の変遷の歴史を物語っている。さらに「カルネッラ」と呼ばれる砂浜や4000万㎡を誇る「ウンブラの森」といった自然にも恵まれている。

MAP P353, P443-D-1

真っ青なアドリア海を背景に、赤い屋根をもつ石造りの民家が密集して建っていた。広場にはたくさんの村人たちが集っている。おじさんたちが、写真を撮って欲しいと次々と声を掛けてくる。村の中を歩き始めてまず驚いたのが、教会の多さだった。プルガトーリオ教会(左中)、サン・マルコ教会(p359中)、サン・ニコラ教会(p361)と、次々と祈りの場が現れる。案内板に、村には12を超える教会があると書かれていた。城の近くで、古い石造りの民家が連なる雰囲気のいい路地(p360)を見つけた。夕暮れ時に歩くと、まるで中世の世界を彷徨っているかのようだった。どこかの家で飼われている犬が盛んに吠えている。主人に注意されるといったん鳴きやむが、すぐにまた吠え始める。住人たちに迷惑が掛かりそうだったので、足早にその場から立ち去った。

11

AVE MARIA

CENTRO STORICO
CASALE

MEMENTO MORI

プーリア州
Puglia

オートラント
Otranto

古くから交易が盛んな一方、今も800人の殉教者をしのぶ村

オートラントは、紀元前５世紀には既にギリシャや地中海の国々と盛んに交易を行っていた。９世紀以降各国の侵略が相次ぎ、1480年にはオスマン・トルコに征服されイスラムへの改宗を拒んだ住民800人がトルコ軍に虐殺されるという悲劇が起きた。殉教者達の遺骨はサン・ピエトロ・ビザンチン大聖堂の地下聖堂に保存されている。ドゥオモの床のモザイクは1166年のもので、アダムとイヴの生命の木の逸話場面が美しい。

MAP P353, P443-F-2

砂浜に白波が打ち寄せる真っ青な海が出迎えてくれた。重厚な門を潜って村の中に入る。目抜き通りには、土産物店、陶芸店、アーティストショップ、パスタ専門店が軒を連ねていた。オープンテラスのリストランテ「イル・カンティコ・デル・カンティチ」で、スカンピ（手長エビ）のパスタを食べる。イギリス人の著述家ホーレス・ウォルポールのゴシック小説『オトラント城綺譚』の舞台となったオートラント城（中）は、海沿いに建っていた。城壁の上から、漁船やヨットが係留された入り江を一望できた。路地を歩いていたら、1088年に建てられたオートラント大聖堂（p363左下）の前に出た。ファサードの彫刻とバラ窓の美しさに見とれた。

56
ARTIGIANATO
SALENTINO

プーリア州
Puglia

ボヴィーノ
Bovino

バラエティ豊かな 歴史的建造物が残る、緑に恵まれた村

紀元前4世紀、サムニートの戦いで勝利したローマ人によって造られた。プーリア州とカンパーニャ州の境界に位置するため、アドリア海とティレニア海を結ぶルートの軍事的な役割を果たしてきた。2000年以上にわたって、破壊と建設が繰り返されてきたが、ローマ時代の石造りの舗道や家、中世の教会、城、そして16～17世紀の貴族の館等、遺産が今も数多く残り保存されている。村は緑が豊かで、歴史的建造物がよく調和している。

MAP P353, P443-D-2

村の手前には美しい公園と並木道があった。たくさんの村人たちがベンチに腰掛け、雑談を楽しんでいる。真っ白な門を潜って村の中に入ると、石畳の道は緩やかなカーブを描き、奥へと続いていた。道を歩くお爺さんたちがとても絵になる。13世紀に建てられたロマネスク様式のサンタ・マリア・アッスンタ司教座大聖堂（右下）を見学した後、路地を歩く。比較的新しい時代に造られた白壁のモダンな民家も数軒建っていた。急な坂道を登って、村の最も高い場所に建つノルマン城（左上）まで行ってみる。中は博物館になっているようだったが、残念ながら秋の季節はクローズしていた。

17

プーリア州

Puglia

チステルニーノ

Cisternino

ハンニバル将軍に破壊されたという歴史をもつ、白い壁が美しい村

青銅器時代の小屋の遺跡も残る、トロイア戦争後に築かれたとされる村。紀元前216年にはカルタゴのハンニバル将軍によって村は破壊され、その後も数々の侵略者によって征服された。白い壁とアーチが美しく、「チャンケ」と呼ばれる特徴的な石床張りの狭い路地を散歩するのも楽しい。一方、村の外には先のとがったクーポラをもち、その先に不思議なシンボルのついた「トゥルッリ」が見られる。その起源は今でも謎に包まれている。

MAP P353, P443-E-2

ほぼ全ての建物が真っ白にペイントされていた。そのため太陽の光が届かないような路地でも、随分と明るく感じる。お婆さんがドアを開け外に出てくる。その何気ない日常の一コマが、一枚の絵ハガキのように見えた。時計台がある小さな広場を過ぎると、見晴らしのいい公園に出た。サン・ニコラ・マードレ教会(中、下)に入ってみる。ハッとするような白さをもつ壁や柱頭が、彫刻や絵画の素晴らしさをいっそう引き立てていた。路地で一軒のリストランテを見つけた。ウエイターにお勧め料理を注文したら、オレッキエッテのカブ和えと大きなソーセージが出てきた。どちらもこの地区ならではの料理だという。かなりの量だったが、残すとシェフに申し訳ない気がしたので、頑張って全部食べた。

Le Chicche
di Zia Rosa

プーリア州
Puglia

プレシッチェ
Presicce

オリーブオイルの地下搾油場は必見。邸宅や宮殿など見どころ満載の村

村には歴代の領主の邸宅や教会が立ち並ぶ。代表的なものはイタリア大通りのアルディーティ城やポポロ広場のドゥカーレ宮殿で、バロック様式の邸宅には美しい中庭がある。ヴィッラーニ広場にあるサンタンドレア使徒マードレ教会は村の守護聖人を祀っており、教会の前には聖アンドレアを頂点にいただくコラムがある。村ではオリーブオイルの生産が昔から盛んで、地下に搾油場が造られた。23ある地下搾油場は考古学的にも興味深いものである。

MAP P353, P443-F-3

踏切を渡り村に入ると、まず目に飛び込んできたのが16世紀に建てられたカルミネ教会だった。路地を歩いて村に入って行くと、他にもたくさんの教会があることに気づいた。アルディーティ礼拝堂（左中）の天使の彫刻に心を奪われる。小さな広場にはバロック様式の巨大なサンタンドレア使徒マードレ教会（中）があった。黄色い光に包まれた堂内には、8つの礼拝堂が置かれている。主祭壇の近くで老夫婦がお祈りをしていた。教会の前に、聖人像が置かれた巨大なコラム（円柱形の塔）が建っていた。

プーリア州

Puglia

ロゼート・ヴァルフォルトーレ

Roseto Valfortore

浅浮彫の彫刻とバラにあふれる、芸術の香りがただよう村

村近くのヴェトルシェッリの森に野バラが繁茂しており、村の名前は「バラに覆われたフォルトーレの谷」の意をもつ。村の紋章にはバラがデザインされ、目抜き通り沿いにも花が咲き誇っている。また、村のあちこちに見られる浅浮彫の石彫りは、何世紀も受け継がれてきた村の重要な芸術作品である。村の南に位置する採石場から採れる石を使い熟練した石工たちが造った門や柱や手すり、石棺やレリーフなどの作品も素晴らしい。

MAP P353, P443-D-1

緩やかな起伏をもつ丘に、パステルカラーの民家が連なっていた。道沿いには木が植えられ、玄関ドアの周りに鉢植えのバラやオリーブ、ブドウを置く家も多い。村全体を美しく保っていこうとする村人たちの想いが伝わってくるようだった。路地を歩いていたら、元気な女性に、「娘たちの写真を撮って」と声を掛けられる。写真を送る約束をしたらとても喜んでいた。リストランテの壁に洒落たレリーフ(左中)を見つけた。頭に枕を当てているので、横になって休んでいる状況を作品にしているのだろう。

プーリア州
Puglia

ピエトラモンテコルヴィーノ

Pietramontecorvino

壮大な城塞を中心に人々が暮らす、岩山の村

12世紀にはシチリア王ルッジェーロ２世に襲撃され、逃げた住民が岩の洞窟に身を隠したことから、岩を意味する「ピエトラ」が名前に付けられた。頂上の「テッラヴェッキア（古い地の意）」と呼ばれる地区に建つ壮大な城塞は、塔、教会、総督の宮殿が一体となった特徴的な構造になっており、村の中枢でありモニュメント的な存在であった。城壁や見張り塔もあったが、今はごく一部のみが残っている。

村の周辺にはモダンな建物が連なる集落があった。門を潜って細い石畳の道を歩いて行くと、ロマネスク様式の外観とバロック様式の祭壇を併せ持つサンタ・マリア・アッスンタ教会（右下）に出た。横扉から入り、堂内を見学した後、ファサードから外に出る。そこは小さなテラスになっており、村を一望することができた。近くの丘で、風力発電用の風車のプロペラが勢いよく回転している。さらに路地を進んで行くとドゥカーレ宮殿（右上）があった。残念ながら中を見学することはできなかった。

MAP P353, P443-D-1

路地を歩いて行くと、プレゼンタッツィオーネ・デッラ・ベアータ・ヴェルジネ・マリア教会（左上）とリゾロ宮がある大きな広場に出た。ベンチに座っていたおじさんたちは、突然現れた旅人に興味津々の様子、会話を続けながらずっと目で追い掛けていた。街灯が設置されている美しい目抜き通りを行くと、アッスンタ教会（中、下）が目にとまった。扉が開かれていたので、中に入ってみる。何体もの美しい聖母像が置かれていた。探してみたが、男の聖人像は一つも見つからなかった。

プーリア州

Puglia

スペッキア
Specchia

16世紀に美しくよみがえり、当時の街並みの散策も楽しい村

9世紀、農民や羊飼いがサラセン人の襲撃を避けて丘の上に小さな集落を作ったのが村の始まりである。スペッキアは、15世紀はじめまで度重なる戦争ですっかり破壊されてしまったが、1542年アラゴンのアルフォンソ1世が城や城壁の再建を始めたことで、再び美しくよみがえった。城を中心にした歴史地区では16～17世紀当時の集合住宅や中庭を多くの狭い通りが囲み、サレント地方で最も美しいといわれる地区の一つである。

MAP P353, P443-F-3

プーリア州
Puglia

アルベローナ
Alberona

古代からさまざまな民族の手を経て、遺跡、建造物が多く残る村

アルベローナは、フォッジアの西約45km、ダウニ山地の一角に位置している。緑のアペニン山脈を望む村には幾つもの源泉があり、新鮮な水が豊富に湧き出ている。初めはノルマン人が住んでいたが、10世紀に東ローマ人が入植し、新たに村が作られた。さまざまな変遷をたどりながら、13～14世紀には、村を寄進されたテンプル騎士団やマルタの騎士団が統治をした。戦いと信仰の中から生まれた芸術や建造物が多く残っている。

MAP P353, P443-D-1

16世紀に建てられたサン・ロッコ教会（左中）がある小さな広場から、村の下の方へ向かって一本の道が延びていた。その道を歩いて行くと、どっしりとしたたたずまいのプリオラーレ教会（上）があった。18世紀、テンプル騎士団の教会の廃墟の上に建てられた聖堂だという。その先にもたくさんの古い民家が立ち並んでいた。路地の空間を上手く利用して洗濯物が干されている。村人たちの生活の気配をカメラに収めていたら、道行くおじさんに声を掛けられた。1800年代に建てられた実家を案内してくれた。

Basilicata

バジリカータ州

バーリ
Bari
アドリア海
プーリア州
ヴェノーザ P378
Altamura
アチェレンツァ P386
Matera
ポテンツァ
Potenza
バジリカータ州
E847
カステルメッツァーノ P374
ピエトラペルトーザ P382
Taranto
カンパーニャ州
グアルディア・ペルティカーラ P385
イオニア海
A3
E45
地中海
ティレニア海
P384 ヴィッジャネッロ
0
50km
カラーブリア州

バジリカータ州
Basilicata

カステルメッツァーノ
Castelmezzano

岩山に張り付くように造られ、素晴らしい眺望に恵まれた村

10世紀にノルマン人の要塞が他の城との「中間の城」としてこの地に造られたことが村の名前の由来となっている。天に向かって鋭く伸びる砂岩の濃い灰色の岩壁を越えると、岩陰に隠れていた村が目の前に現れる。山に向かって険しい階段を登って行くと、「ルカーニア(古い地方名)のドロミテ山系」と呼ばれる素晴らしい眺望が広がる。村を散策すると、家が岩に張り付くように建てられ、まるで岩と同化しているようで興味深い。

MAP P373, P443-D-2

対向車に注意しながら険しい山道を登って行く。途中、大きな羊の群れと遭遇した。切り立つ崖の麓にある村(p28-29)と対面したとき、感動のあまり言葉を失った。こんな山奥に約800人もの人が暮らしていることが信じられなかった。はやる気持ちを抑え、路地を歩き始める。すれ違う村人たちはみんな挨拶してくれる。絶景とフレンドリーな村人たち、すぐにこの村のことが好きになってしまった。数泊したかったので、バールの店員に宿がないか尋ねてみた。すると、一軒のB&Bに電話をしてくれた。その宿は古い外観だったが、町のホテルのようなモダンな部屋があり、Wi-Fiも繋がった。

バジリカータ州

Basilicata

ヴェノーザ

Venosa

詩人・ホラティウスが生まれ、ローマ時代の貴重な遺構が数多く残る村

ヴェノーザは古代ローマ帝国の自治都市の一つであり、ローマから続くアッピア街道沿いの中継都市として栄えた。また、イタリアで最も古いといわれているユダヤ人の居住区もあった。ローマの偉大な詩人ホラティウスは、紀元前65年にここで生まれている。村の考古学公園にはローマ時代の浴場や住居、円形競技場、また、ユダヤ人の地下墓所などの遺構も貴重な歴史資料として保存されており、非常に興味深い。

MAP P373, P443-D-2

大陸を思わせる大平原を行くと、大きな村にたどり着いた。まずは遺跡、サンティッシマ・トリニタ教会群（p380〜381）に入ってみる。中でも未完で終わったとされるサンタンドレア司教座大聖堂が素晴らしく、立ち並ぶ柱頭や石壁を見て昔の時代に想いを馳せた。目抜き通りを歩いて村の中に入って行く。道幅が広く、所々にライオンの彫刻が置かれた噴水もある。どことなくローマの都市を彷彿とさせた。やがて、円筒形の４つの塔をもつアラゴン城（p379下）の前に出た。城の周りには深い堀がある。遺跡との共通券で内部を見学することができたが、こちらは写真撮影が禁止されていた。ちょうど昼時だったので、リストランテで、この地区の伝統料理、オレッキエッテの豚の内臓の煮込みソースを食べた。

53
55
57

バジリカータ州
Basilicata

ピエトラペルトーザ
Pietrapertosa

尖った岩山に囲まれた街並みが見事なパノラマを作り出す村

ピエトラペルトーザを含む一帯の地質は砂岩からなり、特有の地形と生態は「ガッリーポリ・コンニャート及びルカーニアのドロミテ国立自然公園」として保護されている。村は岩で囲まれており、鋭く尖り傾斜した岩山が幾つも連なり、まるでドロミテ渓谷のようである。高台にあるノルマンの城跡に登ると、岩と空のコントラストが素晴らしく、さらに家々の屋根が岩に溶け合うかのようなパノラマが一望できる。

MAP P373, P443-D-2

崖の麓に建物が密集して建っていた。統一感あるオレンジ色の屋根の連なりが目に眩しかった。岩山のてっぺんにあるノルマン・ホーエンシュタウフェン城（中）まで行き、入場料2ユーロを払って中に入ってみる。洞窟のような住居跡、360度のパノラマ風景に感動した。村に戻ると、まずは14世紀に建てられたサン・ジャコモ・マッジョーレ教会の扉を開けた。壁に描かれたフレスコ画が素晴らしかったが、撮影は禁止されていた。路地を歩いて村巡りを楽しんでいたら、中学生くらいの男の子が声を掛けてきた。日本人がよっぽど珍しかったのだろう、たくさんの質問を投げかけながらしばらく付いてきた。

バジリカータ州

Basilicata

ヴィッジャネッロ

Viggianello

歴史を物語る貴重な品々を残す2つの教会は必見、ビザンチンの香りが残る村

村にはビザンチンの痕跡が数多く残されている。サンタ・カテリーナ・ダレッサンドリア教会もそのひとつである。現在の教会は1634年にボッツート男爵によって再建されたものだが、大理石の洗礼盤や主祭壇、パイプオルガン、黄金の式服をまとった3人の司祭のミイラなど貴重な品々が保存されている。サンタントニオ教会には、有名な彫刻家ベルニーニの父ピエトロ・ベルニーニの手になる美しい大理石の聖母子像が残されている。

MAP P373, P443-D-3

2014年に「最も美しい村」の登録を受けた村。細い山道を登って行くと、小さな村が現れた。アッスンタ礼拝堂（中右）から延びる路地を歩いて村巡りをはじめる。数軒の民家で足場が組まれ、修繕工事が行われていた。広場の先にサンタ・カテリーナ・ダレッサンドリア教会があったが、ここも外壁を直していた。高台に建つノルマン人が建てた城へ行ってみたが、個人の住居となっており、中に入ることはできなかった。村から少し離れた場所に、ユニークな形をした丸屋根をもつサンティッシマ・トリニタ教会（中下）があった。

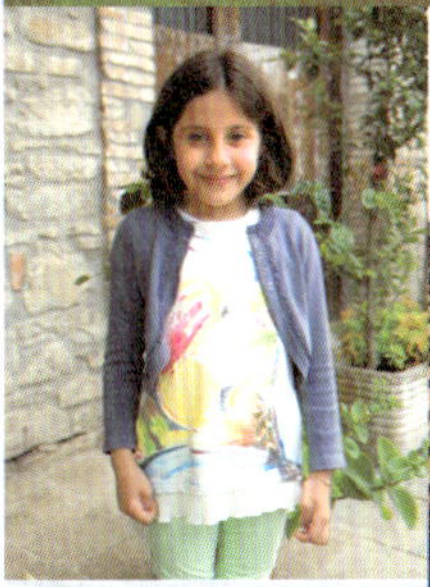

バジリカータ州

Basilicata

グアルディア・ペルティカーラ

Guardia Perticara

青銅器時代から続く古い歴史をもつ、石造りの街並みが自慢の村

村の歴史は古く、紀元前14世紀の青銅器時代には既に人が住んでいた。サン・ヴィート地区で発掘された墳墓の遺跡から見つかった琥珀のジュエリーや調度品は、紀元前9～前8世紀にはこの地に定住していた民族の暮らしぶりを知る大切な資料となっている。村は「石の家の村」と呼ばれており、石造りの街並みを非常に大切にしている。1980年の地震では大きな被害を受けたが、職人たちの優れた技術によって見事に修復された。

MAP P373, P443-D-2

村人たちを描いた巨大な壁画が民家の壁に掛かっていた。鑑賞後、村の奥へと続く路地を歩き始める。形と色に統一感のある3階建ての建物が連なり、窓辺には花が飾られていた。広場に出て、次はどの方向に行こうかと迷っていたら、バールにいたおじさんが、この先にサン・ニコロ・マーニョ・マードレ教会があることを教えてくれた。裏通りで小さなリストランテを見つけたので入ってみる。オーナーのおばさんが勧めてくれたポモドーロはとても美味しかった。娘の写真を撮ってほしいとお願いされた。

バジリカータ州

Basilicata

アチェレンツァ

Acerenza

ロマネスク様式の教会が残り、詩人に鷲の巣と呼ばれた村

ブラダーノ渓谷とフィウマレッラ川に挟まれた標高833mの凝灰岩の上に位置している。村の名前は、「高い場所」を意味する古い単語から派生しており、詩人ホラティウスは「鷲の巣」と言い表した。ドゥオモは、11世紀に10年以上の歳月を費やして建てられたロマネスク様式の美しい教会である。また外壁のあちこちにローマ時代の大理石の墓石やギリシャの列柱がはめ込まれており、村の長い歴史を物語っている。

MAP P373, P443-D-2

まるで中世の要塞都市のように、小高い山をすっぽり覆う形で建物が密集して建っていた。迷路のような複雑な路地を歩き、まずは高台へと行ってみる。そこにはサンタ・マリア・アッスンタ・エ・サン・カニオ司教座大聖堂（上）があった。扉に鍵が掛かっており、中に入ることはできない。広場では村の男たちが集まり雑談をしていた。一人のおじさんから、教会の側面に行くように、と指で指示された。ぐるりと回ってみると、鐘楼の壁にロマネスク様式の彫刻が飾られていた。

Calabria

カラーブリア州

カンパーニャ州
バジリカータ州
P404 アイエータ
P396 モラーノ・カラブロ
チヴィタ P402
P388 アルトモンテ
A3
カラーブリア州
Cosenza
P392 フィウメフレッド・ブルッツィオ
P400 サンタ・セヴェリーナ
カタンツァーロ
Catanzaro
ティレニア海
Vibo Valentia
スティーロ P395
E45
Palmi
A3
ジェラーチェ P394
イオニア海
キアナレア P390
Messina
地中海
シチリア州
P389 ボーヴァ
0
50km

カラーブリア州
Calabria

アルトモンテ
Altomonte

14世紀に改築された教会と、そこから眺めるエサロ渓谷を楽しめる村

9～10世紀にサラセン人の侵略から逃れ、エサロ川から標高500mの丘の上に造られた村。頂上のマドンナ・デッラ・コンソラツィオーネ教会を中心にして、丘の斜面には曲がりくねった狭い路地や階段が造られ、それらに沿って家々が並んでいる。この村の領主で、アンジュー家の王に仕える騎士であったフィリッポ・サンジネート伯爵によって1342年、ノルマン時代の教会をもとに改築された。教会のある丘からはエサロ渓谷を一望できる。

MAP P387, P443-D-3

石畳の路地を登っていくと、マドンナ・デッラ・コンソラツィオーネ教会（上）がある広場に出た。堂内は修繕工事中。彫刻が施された大きな木の扉は取り外され、壁に立てかけてあった。歴史や文化を大切に受け継いでいく過程に、なぜか心が打たれてしまう。さらに奥へと進んで行くと、大きな邸宅があり、今は五つ星の高級ホテルになっていた。村の手前で、小さな野外劇場（左中）を見つけた。柵の外から中を覗いていたら、案内所の女性が「入って自由に見学していいわよ」と鍵を開けてくれた。車で5分ほど行ったところに1770年に建てられたバロック様式のサン・フランチェスコ・ディ・パオラ教会（右中）があり、美しい回廊を見学することができた。

カラーブリア州
Calabria

ボーヴァ
Bova

美しい大聖堂の礼拝堂は必見、サラセン人に追われた村人が山上に造った村

紀元前7～前6世紀にかけてギリシャの植民地となったが、829年にサラセン人の襲撃を受けて生き残った村人たちが山上に造ったのが現在のボーヴァである。古い方言にギリシャ語訛りが見られるほどギリシャの影響が色濃く残る。司教座大聖堂は大変古く、5世紀には既に存在していたことがわかっている。多彩な大理石で造られた告解のための礼拝堂が美しい。また10～11世紀のノルマン人の城塞跡が岩の高みに残っている。

MAP P387, P443-D-4

つづら折りの細い山道を8kmほど登ると、小さな村にたどり着いた。なぜか村の入り口に蒸気機関車が置かれている。村人に尋ねたら、麓の町を走っていたものを苦労してこの村まで運んだのだという。村のシンボルになっているらしい。広場には無人の案内所があり、無料の資料の他に村に関する本がたくさん置かれていた。路地を歩いて村の上へ行ってみる。ここ20～30年の間に建てられた民家や教会も多かった。ある民家の庭先で、お爺さんが籠を編んでいた。その真摯な姿がとても素敵で、しばらく見学させてもらった。高台にはノルマン人が造った城(左上)があった。崖の上は見晴らし台になっていた。

カラーブリア州
Calabria

キアナレア
Chianalea

ティレニア海に面する古い漁師町の和やかな一日を楽しめる村

トロイ人が流れ着いて造られたのが村の起源といわれている。ティレニア海とアスプロモンテ山の斜面に面し、時間とともに変化する海の色の美しさ、特に日の出や日没は人々の心を奪ってやまない。古くからの漁師町で、今でも漁師が軒下で網を修理したり、ボートを整備している姿に出会う。そして,路地を登っていくとルッフォ城に着く。城の窓から眺められるエオリア(リパリ)諸島とシチリアの海岸のパノラマは大変美しい。

MAP P387, P443-D-4

海にせり出した巨大な岩を覆うように建物が密集して建っていた。まずは高台に建つサンティッシマ・イッマコラータ・マトリーチェ教会（p391 左下）を訪れる。祭壇の壁一面に描かれた青を基調とした絵画が素晴らしかった。近くの城へと移動し、入場料 1.5 ユーロを払い中に入ってみる。漁に関する展示物があり、小さなギャラリーで海の世界を捉えた写真展が行われていた。夕方、港まで行ってみる。村の明かりが灯り、カラフルなボートが波に揺れる幻想的な光景に心打たれる。子供たちが釣りをしている。雨が降ると軒下に移動し、雨がやむと堤防に出て来て釣り糸をたらす。魚は獲れなかったが、その動きを見ているだけで楽しかった。海沿いにはホテルやリストランテが何軒かあり、難なく部屋を確保することができた。

カラーブリア州
Calabria

フィウメフレッド・ブルッツィオ
Fiumefreddo Bruzio

9世紀からの破壊と再建の歴史を見ることができる、水に恵まれた村

海から数kmのところにある岩から湧き出す新鮮な水のために、村は昔から「フィウメフレッド(冷たい川)」と呼ばれてきた。9〜10世紀にサラセン人によって村は破壊され、ノルマン人によって再建された。外敵を防ぐための塔が造られ、後には城塞や城壁も築かれたが、1807年にはナポレオン軍によって再び破壊されてしまった。谷に突き出た岩の上にある城の廃墟には、現代画家のサルバトーレ・フィウメがフレスコ画を描いている。

MAP P387, P443-D-3

村の手前には、1201年に建てられたヴァッレ城(p393中)の遺跡が残されていた。天井はなく剥きだしの壁があるだけだったが、階段で上まで登ることができた。村には、今にも倒壊しそうな古い建物が数多く残されていた。空き家となり、壁やドアがゆがんでいる家もある。アッドロラータ教会(トッレッタ教会、上)、サンタ・キアラ教会(下)と、歴史的遺産の聖堂を見学しながら歩いて行くと、見晴らしのいい広場に出た。一人の村人が、真っ青なティレニア海を眺めている。歴史ある村の誇りは、この美しい眺望にもあるのかもしれないと思った。

カラーブリア州
Calabria

ジェラーチェ
Gerace

たくさんの教会をかかえたかつての文化の中心で、イオニア海を望む美しい村

標高470m、アスプロモンテ国立公園の一角に位置し、イオニア海を望む風光明媚な村である。紀元前8～前7世紀に入植したギリシャ人たちは、サラセン人の襲撃から逃れて高台に移動し新しく村を建設した。12世紀から17世紀までジェラーチェは周辺の精神的・文化的中心地であり、128もの教会があったとされている。1045年に聖別された村の司教座大聖堂は、イタリアで最も重要な教会の一つである。

MAP P387, P443-E-4

高台にある駐車場に車を停めると、まず目に飛び込んできたのは崖の上に建つ城（左下）の遺跡だった。村の中にはたくさんの教会があった。まずは、サンタ・マリア・アッスンタ司教座大聖堂（上）の扉を開ける。神殿を思わせる柱頭が規則正しく並び、聖母が置かれた祭壇（右中）へと続いている。堂内はロマネスク様式特有のシンプルな造りで、装飾は少なかった。近くのサン・フランチェスコ・ダッシジ教会も素晴らしかった。夕方から雨になった。路地で一軒のホテル（下）を見つけたので部屋を取る。食事の後、静かな夜の村を歩く。濡れた石畳の道が街灯の光に照らされる光景は美しかった。

16世紀に建てられたバロック様式の大きなサン・フランチェスコ教会（下）が出迎えてくれた。細い路地を歩いて村の中へ入っていく。今にも崩れ落ちそうな民家もあった。サン・ドメニコ教会の前で、おじさんが石垣の修繕を行っていた。丁寧に石を積み上げていく作業は見ていて飽きなかった。高台へと続く小径を登って行く。10分ほどで、切り立った崖の中腹にあるラ・カットーリカ教会（上）の前に出た。入り口で一人の村人が番をしている。壁一面に素晴らしいフレスコ画が描かれていたが、撮影は禁止されていた。感動を心の中に焼き付け、サイン帳に名前を残してから礼拝堂を後にした。

カラーブリア州
Calabria

スティーロ
Stilo

イルカの噴水、5つのクーポラなど、さまざまな支配者の文化が残る村

カラーブリア州におけるビザンチンの砦として、村はさまざまな民族から支配を受けてきた。カットーリカ寺院に代表されるビザンチン様式の教会が多く残されており、9～10世紀にかけて建設された寺院は、5つの特徴的なクーポラをもつ。ここから1000年頃のノルマン人の画家によるフレスコ画も見つかっている。近くに残るノルマンの城塞跡や、アラブの影響を受けているのがわかる「イルカの噴水」の彫刻も村の歴史を感じられて興味深い。

MAP P387, P443-E-4

カラーブリア州
Calabria

モラーノ・カラブロ
Morano Calabro

ポッリーノ国立公園内に位置し、ゴシック様式の教会が残る村

ポッリーノ山を望む丘の上に位置し、村は家々がひしめきあって壮観である。ポッリーノ国立公園として保護されている400㎢にも及ぶ地区内にあり、自然と人の営みが調和した美しさを醸し出している。サン・ベルナルディーノ・ダ・シエナ教会は1400年代の後期ゴシック様式で造られ、木製の天井や、バルトロメオ・ヴィヴァリーニ作の多翼祭壇画が素晴らしい。また、近くに残るノルマンの城跡も歴史を感じさせる。

MAP P387, P443-D-3

一つの山が、びっしりと建物に覆われていた。村が巨大な城のようにも見える。門を潜ると、高台を目指して路地を歩き始めた。お爺さんがオート三輪のエンジン音を響かせ坂を登って行く。おじさんがブドウの籠を家の中に運び入れている。惰眠を貪っていた犬が旅人に驚きすっくと起き上がる……。この素朴な村では、その何気ないすべての出来事に感動した。最も高い所に、村の中で一番古いサンティッシマ・ピエトロ・エ・パオロ使徒教会（左中）が、すぐ近くにノルマン - ホーエンシュタウフェン城（p397右下）があった。城は石壁しか残されていなかった。村の入り口で見つけた「ヴィッラ・サン・ドメニコ」というホテルの部屋を取る。シーズンオフということもあり、客は一人だけ。食事つきで70ユーロと格安だった。翌朝、空が燃えるような朝陽を眺めることができた。

カラーブリア州
Calabria

サンタ・セヴェリーナ
Santa Severina

紀元前にギリシャ人が建てた、イオニア海を一望できる村

紀元前5世紀、ギリシャ人によって建設された村。今でも村の東部にはギリシャ地区が残されている。ネート川の谷あいに位置し、せり上がった高さ325mの凝灰岩の岩塊に造られているため「石の船」と形容されている。ドゥオモにある洗礼堂は8〜9世紀に建てられたもので、カラーブリア地方最古のビザンチン建築とされている。また1075年にノルマン人たちによって建てられた城からは、イオニア海の大パノラマを堪能できる。

MAP P387, P443-E-3

村は、隆起した巨大な崖の上にあった。石橋を潜りしばらく歩くと縦長の広場に出た。タイミングよくシエスタの時間が終わりノルマン城（p401右）の門が開いたので、入場料2ユーロを払い中に入ってみる。天井画と遺跡が素晴らしく、おまけに眺めがよかったので、城内で1時間以上も過ごした。次にゴシック様式のサンタナスターシア司教座大聖堂（p401左中）の扉を開けた。堂内の壁と天井の装飾は素晴らしく、特に柱頭の上に描かれた緻密な宗教画に感動した。村の片隅に、11世紀に建てられた小さなサンタ・フィロメナ教会（ポッツォレオ教会p401左上）があった。

カラーブリア州
Calabria

チヴィタ
Civita

ラガネッロ渓谷の「悪魔の橋」で知られる、アルバニア語の残る村

1014年にサラセン人たちに焼き滅ぼされた居住地跡に、1467年、アルバニア人の一族によって造られた村。今でもここでは先祖の話していたアルバニア語が話されている。村はポッリーノ国立公園を擁し、ラガネッロ渓谷には「悪魔の橋」といわれる橋が260mの高さに架かっている。1500年頃に造られたとされるが、伝説では村人が最初に橋を渡る人の命と引き換えに悪魔に橋を架けることを頼んだともいわれている。

村は、切り立つ巨大な岩山に挟まれるように位置していた。周辺の山から切り出した石を使っているのか、石造りの建物はどれも同じ色をしている。家々の煙突の形に個性があったので、片っ端から写真を撮っていく。1600年代初頭に建てられたサンタ・マリア・アッスンタ教会（下）の扉を開け中に入った。木製の祭壇にはブドウと孔雀が彫られ、聖人たちを描いたフレスコ画がはめ込まれていた。広場のベンチで、たくさんのお年寄りたちが暇を持て余していた。ジョンというお爺さんに声を掛けられた。客船に乗ってアメリカ、ニューヨークに行ったときの思い出話を語り始めた。

MAP P387, P443-E-3

0-24

カラーブリア州
Calabria

アイエータ
Aieta

みどころがひしめく スピネッリ宮は必見。 生ハム、サラミが 美味しい村

村の名はギリシャ語の「鷲」に由来するが、旧石器時代からこの地に人が暮らしていたことがわかっている。中心には、16世紀に建てられたスピネッリ宮がそびえたつ。国の記念建造物に指定されており、3階建ての宮殿には礼拝堂、侯爵の政務室、遊戯室などがあり、近年にはフレスコ画も修復された。また、種類豊富なカラーブリア州特産の生ハム類も美味しく、赤胡椒の効いたサラミをぜひ味わいたい。

MAP P387, P443-D-3

青い海を眺めながら山道を登って行くと村に到着した。村から海は見えない。高い石垣と共に造られた路地を目にすると、昔の人の苦労がしのばれた。高台へ行くと、街の集合住宅を思わせる大きなスピネッリ宮(右中)があった。サン・ジュゼッペ礼拝堂(中)、マードレ教会など、点在する小さな教会を見学しながら村を巡る。広場には移動販売車が来ており、子供服、果物、野菜、チーズ、花などが売られ、村人たちが買い物を楽しんでいた。

Sicilia

シチリア州

シチリア州
Sicilia

カスティリオーネ・ディ・シチリア
Castiglione di Sicilia

古くから美味しいワイン産地、歴史的遺物の数々が残る村

エトナ山を背にしてアルカンタラ川を見下ろす丘陵にブドウ畑が広がる。古くからワインの産地として名高く、美味しいDOC（統制原産地呼称）エトナワインが造られてきた。紀元前5世紀が起源といわれる村には歴史的遺物も数多く残されている。17世紀に造られたマドンナ・デッラ・カテナ大聖堂はバロック様式のファサードをもち、内部には大理石の優美なマドンナ像があり、ミケランジェロの弟子ジャコモ・ガジーニの作といわれている。

村全体が、美しい夕陽に染まっていた。S字の坂道を登ると、高台の広場までいっきに行くことができた。小さなホテルを見つけたので部屋を確保する。近くに、どっしりとしたたたずまいのマドンナ・デッラ・カテナ大聖堂（右上）があった。その先の岩の上には城を彷彿とさせるサンティ・ピエトロ・エ・パオロ使徒教会が建っていたが、アプローチする階段の門には鍵が掛かっていた。夕食はホテルのリストランテでペンネのアラビアータを食べる。翌朝、早起きして朝の光に包まれた村を巡る。山頂に雪を頂いたエトナ山（p407右上）が美しかった。

MAP P405, P442-C-3

シチリア州

Sicilia

チェファル

Cefalù

古代のモニュメントと 12世紀の大聖堂に 守られる村

フェニキア人が「ヘラクレスの岬」とも呼んだ自然の要塞である高さ270mの巨石の岩山が村を見下ろす。その頂上には、巨石で円形に築かれた紀元前5世紀の防御壁や、同時代にやはり巨石で造られた「ディアナの神殿」などが古代のモニュメントとして残っている。岩山の麓には、12世紀シチリア王ルッジェーロ2世によって創建された大聖堂が堂々と建っている。金色の壁やモザイクをふんだんに取り入れた内部の装飾は豪華で素晴らしい。

村の中は随分と賑やかだった。目抜き通りには土産物店やリストランテが軒を連ね、たくさんの観光客が歩いている。しかし山側へ抜けるどの路地もひっそりとしており、村人たちの生活感が漂っていた。たくさんの洗濯物がはためく一本の路地を歩いて行くと、アラブ・ノルマン様式の巨大なチェファル大聖堂（p409中）の前に出た。金で装飾された輝きのある祭壇を見つめながら、数人の観光客が静かに祈りを捧げていた。村の突き当たりに桟橋があった。年配の漁師が、若い漁師に網の修理の仕方を教えている。水平線に夕陽が沈み、夜の帳《とばり》が下りると、岩の頂から満月が顔を出した。（p410-411）

MAP P405, P442-B-3

ristorante

シチリア州

Sicilia

ガンジ
Gangi

紀元前1200年からの言い伝えが残る、芸術の村

パレルモから南東に約80km、マドニエ山地の一角にある標高1010mのマロネ山を中世の家並みが一面に覆っている。ガンジの歴史は古く、言い伝えによれば、紀元前1200年頃、クレタ島から渡ってきたギリシャ人によって村が造られた。ガンジの繁栄は13世紀に始まる。今に残っている壮大な城塞や村を囲む長い城壁は、その時期、支配者ヴェンティミリア家の権力の下に建設された。また、芸術が花開き、優れた画家や彫刻家を輩出している。

MAP P405, P442-B-3

幾つもの丘を越え、目の前に村の全景（p12-13）が飛び込んできたときはさすがに驚いた。ここに約7000人が暮らしているという。目をこらして見ると、家々のバルコニーには洗濯物が干され、花に水をあげている人もいる。遠くの丘から村人たちの暮らしの様子を眺めるのは楽しかった。意外にも、村の中は全くと言っていいほど観光地化していなかった。民家が連なる静かな路地を歩き、サン・パオロ教会（p413左上）、サン・ニコロ・ディ・バーリ・マードレ教会、役場（左下）などを見学し、時おり見晴らしのいい場所から周辺の風景を眺めた。昼時だったのでリストランテを探したが、見つけることができなかった。

FFICIO TURISTICO
Percorso turistico

シチリア州
Sicilia

ノヴァーラ・ディ・シチリア
Novara di Sicilia

小石で舗装された街路が気持ちよい、海や谷を眺めることができる村

頂からはティレニア海に向かって下る広々とした谷や、エオリア諸島を望むことができる。背後には、村のシンボルである高さ1340mの険しい岩山がそびえる。村の街路の多くは小石で舗装され、住居や教会の建物にも小石が使われている。一時期この技術は忘れかけられセメントに取って代わられていたが、最近では再評価され技術が再び取り戻されている。一方、古い教会や邸宅に使われている赤大理石はこの地方の特産である。

MAP P405, P442-C-3

村は、シチリア島東北部の山の中にポツンと位置していた。岩山に寄り添うようにパステルカラーで彩られた民家が立ち並んでいる。石橋を渡ってしばらく歩くと、3階建ての建物が並び、所々に戦士を讃えた像が置かれている広場に出た。お年寄りたちは、突然現れた日本人に驚いている。近くに、手入れの行き届いた小さな庭園(p415上)があった。向こうの方には、15世紀に建てられたバロック様式のサンタ・マリア・アッスンタ大聖堂(p415右下)がそびえている。まさに絵画から飛び出たような美しい景観に心打たれた。リストランテを探したが見つからなかった。

シチリア州

Sicilia

サン・マルコ・ダルンツィオ

San Marco d'Alunzio

さまざまな古代遺跡が残り、ワインやオリーブオイルに恵まれた村

シチリア島メッシーナの西約100㎞、ティレニア海岸まで5㎞の丘陵に位置するサン・マルコ・ダルンツィオは、紀元前4世紀にギリシャ人によって建設された。紀元前3世紀には、ローマ人がワインやオリーブオイルの交易で豊かな富を築いた。マドンナ・アヌンツィアータ教会も異教の神殿跡に築かれたことが、フレスコ画から確認されている。高台にあるサン・マルコ城の廃墟もまた長い歳月の栄枯盛衰を物語っている。

MAP P405, P442-C-3

まずは路地を歩いて村の最も高い所に行ってみる。そこにはノルマン城（上）の巨大な石壁が残されていた。サンタ・マリア・イン・アラコエリ教会（右中）、サンタ・マリア・デイ・ポーヴェリ教会（左中）やサン・マルコ・ダルンツィオ噴水（右下）などを見学しながら目抜き通りを歩いて行く。バロック様式のマードレ教会（p417左下、右中）では、ちょうど日曜の礼拝が行われていた。終了後、たくさんの村人たちが外に出てくる。大人たちは立ち話をし、子供たちは追いかけっこをして遊んでいる。近くのバールはすぐに人でいっぱいになった。

シチリア州
Sicilia

スペルリンガ
Sperlinga

自然の洞穴を利用しながら造成を続けてきた村

ラテン語由来のギリシャ語で「岩穴」を意味するスペルリンガは文字通り岩と洞穴の村だ。自然の洞穴を利用し、さらに岩山を削りくり抜いては家や道路を造ってきた。村の頂上の岩の城は1282年、シチリア晩禱事件の折、フランスの守備隊が立てこもって1年間抵抗を続けたという。正面アーチには賛美の言葉が刻まれている。数ある洞穴の中には、キリスト教の教会だった洞窟が一時期モスクとして使われたという珍しいものもある。

MAP P405, P442-B-3

プレートのような巨大な岩山の麓に村があった。まずはスペルリンガ城へ行き、入場料3ユーロを払って中に入ってみる。階段（p419 左下）を登った先は、まさに石器時代の洞窟のようだった。巨大な岩をくり抜く形で部屋、台所、かまど、煙突が造られている。ロープをしっかり摑んで急な階段を登り、城のてっぺん（p419 左上）に行ってみると、見晴らしが素晴らしかった。城から出て、石造りの民家が連なる素朴な路地を歩く。お年寄りたちはベンチに腰掛け、午後の優雅なひとときを過ごしていた。とても魅力的な村だったが、他の旅人は見掛けなかった。

シチリア州
Sicilia

ジェラーチ・シクロ
Geraci Siculo

大理石彫刻の工房や金細工で有名、壮大な眺望を楽しめる村

村はマドニエ自然公園の中にある標高1077mの岩山の上に位置している。晴れた日には、海に浮かぶエオリア諸島までも見渡せる。村はギリシャ人の入植を起源とする長い歴史をもつ。15世紀にはガジーニ工房による多色大理石の祭壇や彫刻に代表される芸術作品が数多く生まれた。現在でもサンタ・マリア・マッジョーレ教会には、彫刻や絵画の他、フィレンツェの金細工師に造らせたきわめて精巧な金や銀の儀式用品が多数収蔵されている。

MAP P405, P442-B-3

村の入り口に、古びた石造りのサンタ・マリア・ラ・ポルタ教会が建っていた。その横から道が山へ向かって延びている。かなり急な登り坂だ。サンタ・アリア・マッジョーレ教会(中)の広場でひと休みをしていたら、お爺さんに「中に入ってみなさい」と言われた。祭壇の前で、8人の村人がお祈りをしていた。再び坂道を登りはじめる。村人たちは、ゆっくり歩き、前へと進んで行く。この村で暮らす誰もが、毎日この道を歩いていることが信じられなかった。ゼイゼイ言いながら村の最も高い所までやってくると、そこには城跡があり、小さな石造りのサンタンナ教会(右中)が建っていた。

開放感があり、心地よい風を感じる村だった。真っ青な海を一望できる小さな広場では、村人や観光客が石のベンチに座りのんびりと時を過ごしている。路地には、焼き物、絵画、アクセサリーなどを売る土産物店が軒を連ねていた。中央には、幾度となく再建され、ノルマン、ゴシックと建築様式が混じり合うサン・ニコロ・ディ・バーリ教会(右中)があった。静かな路地を歩いていたら、1450年に建てられたサン・ジョルジョ教会(中)を見つけた。中に入ると、まず白馬に跨がった守護聖人ゲオルギウス像(左中)が目にとまった。祭壇は右奥にひっそりと位置していた。

シチリア州

Sicilia

カステルモーラ
Castelmola

細い路地をたどる散歩が楽しい、シチリア風の家が立ち並ぶ村

タオルミーナの西側8km、標高550mの岩山に位置しており、古くからタオルミーナの戦略的要衝となっていた。ノルマン人がアラブ人の襲撃に備えて築いた城塞は、中世を経て、フランスとスペインの戦争の際にも重要な役割を果たした。村の中心部は中世の景観が保たれて、細く入り組んだ路地が大小の広場に集まり、シチリア風タイルの屋根の家が肩を寄せ合っている。眺望が素晴らしく、眼下にはタオルミーナの町が一望できる。

MAP P405, P442-C-3

シチリア州
Sicilia

モンタルバーノ・エリコーナ

Montalbano Elicona

数々の異民族に支配された城塞が印象的、巨石群も珍しい村

標高907mにありながら、4世紀の村の発祥からビザンチン、アラブ、ノルマン、ホーエンシュタウフェン、アラゴンと数々の異民族に占領されてきた。ホーエンシュタウフェン家の支配のもと着手されはじめ、その後1270年にスペインのアラゴン家により大きな水槽を築き補強された城塞が印象的だ。さらに、城はアラゴン家により城塞兼別荘に改造された。また、マラボッタの森にある巨石群は圧巻である。ぜひ足を伸ばして散策したい。

MAP P405, P442-C-3

村へ続く山道が土砂崩れで通行止め。いったん山を下り、別の道を登っていかなければならなかった。シチリアではよくあることらしい。夕方、村に到着した。村人たちが集う広場を抜け、古い民家が連なる路地を歩きはじめる。高台には、1646年に建てられたノルマン様式のサンタ・マリア・アッスンタ・エ・サン・ニコロ司教聖堂(右中)、その近くには巨大な城があった。どちらも入ることができなかったが、案内板の写真を見ると、内部がいかに素晴らしいかがわかった。次に訪れるときの楽しみができた。

シチリア州
Sicilia

モンテロッソ・アルモ
Monterosso Almo

大地震から美しく再生し、眺望を楽しめる村

広場にある一軒のバールでは、地元の男たちが集まり雑談をしていた。警察官から「こっちに来い」と声を掛けられる。連れて行かれた先は案内所。地図とたくさんのパンフレットをくれた。バロック建築の荘厳なサン・ジョヴァンニ・バッティスタ教会（左上）を見学した後、村の奥へと移動して行く。マリア・サンティッシマ・アッスンタ・マトリーチェ教会に行ってみたが、修繕工事中。村人に聞いたら、完成まで何年も掛かるとのことだった。目抜き通りを歩いていたら別のおじさんに「こっちに来い」と声を掛けられる。アーチ型の天井が美しいバールの内部を見せてくれた。夏の季節だけ営業しているらしい。

1693年、東シチリア一帯は大地震により、モンテロッソ・アルモも壊滅的な被害を受けた。しかし、村人たちは綿密な計画のもと、瓦礫と化した村を美しく再生させた。高台の広場に面しているサン・ジョヴァンニ・バッティスタ教会も改築され、現在ではバロック様式の華麗な姿を見せている。広場から続く通りでは、点在する教会や有力者の邸宅などが目を楽しませてくれる。眼下に開けた眺望を見ながら、澄んだ空気の中を歩くのが清々しい。

MAP P405, P442-C-4

シチリア州
Sicilia

サヴォカ
Savoca

映画「ゴッドファーザー」のロケ地が残る、古代の歴史をもつ村

古代フェニキアに起源をもつと考えられ、中でもマードレ教会は重要な建造物である。教会では、エジプトの習慣にそってミイラを造っていたため、カプチン会修道院の地下礼拝堂には、サヴォカの貴族や修道院長など名士たちのミイラが多数祀られている。サヴォカは、映画「ゴッドファーザー」のロケ地としても知られている。有名なシーンに使われたバールは今もトリマルキの邸宅内にそのまま残されている。

MAP P405, P442-C-3

つづら折りの険しい山道を登って行くと、崖に民家や教会が点々と建つ小さな村が現れた。所々にワイルドフラワーが咲き、遠くの方には真っ青な海が見える、文字通りの美しい村だ。小さな門を潜ると、13世紀に建てられたサン・ミケーレ教会（中）が建っていた。ファサードの緻密な彫刻に見とれる。さらにその先には、同じく13世紀に建てられたサン・ニコロ教会（下）があり、祭壇には聖ルチアの殉教を描いた絵画が飾られ、彼女の大理石の像も置かれていた。道はさらにその先の教会へと続いていた。

シチリア州

Sicilia

サンブーカ・ディ・シチリア

Sambuca di Sicilia

古代の遺跡群、アラブ文化の影響、16世紀の建築などの宝が豊富な村

北東にアドラノーネ山とジェヌアルド山などの山々を擁し、南西は川や峡谷、湖に囲まれている。村の始まりはアラブ人によるもので、ザブットという古代の城の名で呼ばれていた。紀元前4世紀の遺跡群があり、アラブ人たちの家の跡も残っている。村内には役場庁舎として使われているアルパ宮やマドンナ・デッルディエンツァ祈禱堂など1500～1600年代に造られた洗練された建築も多く、貴重な宝物も保管されている。

MAP P405, P442-B-4

等間隔でリンゴの木が植えられている目抜き通りは緩やかな登り坂になっていた。途中、16世紀に建てられたマリア・サンティッシマ・デッルディエンツァ至聖所（右中）に立ち寄る。堂内にある有名な聖母の彫刻を見たかったが、残念ながら扉には鍵が掛かっていた。道は、時計台がある庁舎で行き止まりになった。建物の下にあるアーチのトンネルを潜り、さらに先へと行ってみる。見晴らしのよい広場には、神殿のような柱頭が置かれていた。地震の被害を受けたのだろう、今にも崩れそうな　マードレ教会（右中）があった。足場が組まれ、修繕工事が行われていた。

シチリア州
Sicilia

ステーラ
Sutera

3聖人に守られ、ロマネスク様式の教会を中心に暮らす村

中世の街並みを残している村は3つの地区に分かれ、ロバート地区はアラブ人の地区であった。背後には巨大な岩山である高さ820mのサン・パオリーノ山がそそり立っている。頂上には同名の祈禱堂があり、村の守護聖人である聖パオリーノと聖オノフリオ、聖アルキレオーネの古い2つの棺と聖遺物が納められている。また、村内の広場には1400年代に起源をもつロマネスク様式のサンタガタ教会があり、貴重な宝物を収蔵している。

MAP P405, P442-B-4

約1500人が暮らす小さな村。巨大な岩山の麓に建物が連なり、周辺にはフェンネルの花が咲き乱れていた。静かな村で、村人とは出会わない。村には案内所があり、スタッフの女性がたくさんの地図とパンフレットをくれた。その地図を頼りに、サンタガタ教会、サンティッシモ・デル・カルメロ・マリア教会(右中)と巡って行く。崖のてっぺんにあるサン・パオリーノ祈禱堂も門の鍵を開ければ見学できるらしい。先ほどのスタッフからもらった連絡先に電話をしてみたが、何度掛けても繋がらなかった。

Sardegna

サルデーニャ州

フランス
地中海
La Maddalena
P428 カステルサルド
Tèmpio Pausània
Ólbia
Sassari
Alghero
サルデーニャ州
P432 ボーザ
Macomèr
Nuoro
P434 アトザーラ
Oristano
Villacidro
Sestu
Carbonia
カルロフォルテ P435
カリアリ
Cagliari
0
50km

サルデーニャ州

Sardegna

カステルサルド
Castelsardo

さまざまな文化が混じり合う、中世からの面影を残す村

900年以上前の建造物が村の中心部に残るカステルサルド。中世からジェノヴァのドーリア家やスペインのアラゴン家などの支配下に置かれ、年月と共にさまざまな文化が混じり合い、独特な文化を形成している。眼下に広がる白い砂浜と青い海、そしてラビリンスのような古くからの小径が村の魅力である。村の近くには、青銅器時代に遡るといわれるヌラーゲと呼ばれる石造建築物も残る。

MAP P427, P442-A-1

モダンな建物が連なる通りを歩き、岩の上に建つ要塞へ行ってみる。歴史地区はそこからはじまっていた。路地にはアクセサリーや籠を売る店が点々としている。雰囲気のいい民宿も何軒かあった。ゴシック、ルネッサンス様式のサンタントニオ・アバーテ司教座大聖堂の前に出た。近くに大きな鐘楼（p429上）が建っている。大理石でできた見事な祭壇（p429右中）には、エンジェルストランペットの花がたくさん飾られていた。この美しい風景をもつ村の人口は約6000人、毎年少しずつ増え続けているという。夜景（p30）も素晴らしかった。

サルデーニャ州

Sardegna

ボーザ

Bosa

海と川を背景に、3つの特徴的な地区から成り立つ村

12世紀に築かれたマラスピーナ城の跡に立つと、海と川を背景にしてボーザの全景が一望できる。中世の面影を残し、カラフルな住宅や網目のような路地が城を囲んで広がる「コスタ地区(Sa Costa)」、16世紀のアラゴンの塔がそびえる「ボーザ・マリーナ地区(Bosa Marina)」、川の対岸の「サス・コンザス地区(Sas Conzas)」には、19世紀から盛んだった皮《かわ》鞣《なめ》し工場の屋根が連なる。

MAP P427, P442-A-1

海から川を遡ったところに、町とも呼べる大きな村があった。賑やかな目抜き通りを歩いて行くと、イッマコラータ・コンチェツィオーネ司教座大聖堂（p433 右下、中）が現れた。今の建物は1809年に建てられたものだが、起源は12世紀に遡るという。礼拝堂を見ながら身廊を歩き、主祭壇の前に行く。壁画とクーポラに描かれた美しい絵画に心打たれた。路地に小さなリストランテがあったので、ペスカトーラを食べる。こんな裏通りにある店でも混んでいた。セッラヴァッレ城（p433 左中）へ行き、入場料4ユーロを払って中に入る。敷地内には、美しいフレスコ画があるノストラ・シニョーラ・デ・ソス・レニョス・アルトス教会（p433 左中、左下）が建っていた。

サルデーニャ州

Sardegna

アトザーラ

Atzara

民族衣装、木工職人が造りだす家具などが魅力となっている村

伝統の極彩色の民族衣装が多くの芸術家や写真家を惹きつけてきた。また、恵まれた気候のおかげで、中世からブドウの栽培で有名な地である。教区教会であるサンタンティオコ・マルティレ教会は、15世紀に造られた。シンプルなファサードに大きなバラ窓が中央を飾るアラゴン王国時代のゴシック様式の教会である。木製の祭壇や木彫りのマリア像は村の木工職人の作品で、現在でも村の職人が造る木の長椅子などは珍重されている。

MAP P427, P442-A-2

山の中にポツンと位置する小さな村だった。新しい時代に建てられた民家と古い時代の民家が混在して建っている。数軒の民家の壁に、昔の村の様子を伝えるモノクロ写真が飾ってあった。村の中央にサンタンティオコ・マルティレ教会があった。ファサードの木彫りの彫刻（右中）が素晴らしかった。近くに、アーティストの工房があった。男は真剣に木で何かを制作していたので、声を掛けるのはためらわれた。郊外へ行くと、リンゴの花が咲き、空にはツバメが舞い、草むらで羊が草を食む長閑《のどか》な田舎の風景が広がっていた。

サルデーニャ州

Sardegna

カルロフォルテ

Carloforte

カラフルな住宅が印象的な、サンゴが名産の村

サルデーニャ島西南の海岸から数kmのサン・ピエトロ島の東海岸に位置する村。16世紀中頃よりサンゴ漁のためタバルカ(チュニジア)に移り住んでいたリグーリア出身の漁民たちが、さらにサンゴを求め、1738年、この無人島に入植し村を築いた。リグーリアの漁港を思わせるカラフルな建物が連なっていて、住民たちの先祖と故郷への想いがうかがえる。ピンクや黄、水色、オレンジなどの壁が、地中海の海と空に映えて印象的である。

約30分の航海で、サン・ピエトロ島にある村に到着した。地中海の眩しい陽射しが、村の隅々まで降り注いでいる。パステルカラーに彩られた建物が連なる通りには、八百屋、床屋、バイクショップ、靴屋など、村人たちの生活に結びついた店が多く、観光客目当ての土産物店は少なかった。広場の木陰にはたくさんの村人たちが集い、道ではひっきりなしに村人たちが行き交っている。多くの村人に、写真を撮って欲しいと声を掛けられた。村全体が生き生きとしているようで、村巡りと人のふれ合いが楽しくて仕方なかった。路地で見つけたリストランテに入ってみる。マグロと挽き肉で和えたマッロレッドゥス、今朝水揚げされたばかりのイサキの料理を食べたが、どちらも美味しかった。

MAP P427, P442-A-2

TILLA

イタリア北部
A
B
C
1
2
3
4
スイス
フランス
ヴァッレ・ダオスタ州
ピエモンテ州
ロンバルディア州
リグーリア州
リグーリア海
P54 ヴォゴーニャ
クリッリア・コン・モンテヴィアスコ P108
Sondrio
P110 トレメッツォ
P97 グローモ
P88 ビエンノ
P92 コルネッロ・デイ・タッソ
P32 エトローブル
アオスタ Aosta
P42 オルタ・サン・ジュリオ
Varese
P100 ロヴェレ
P98 モンテ・イゾラ
Bergamo
Biella
Legnano
P46 リチェット・ディ・カンデーロ
P116 カッシネッタ・ディ・ルガニャーノ
Brescia
Novara
ミラノ Milano
グラデッラ P96
P101 モリモンド
ソンチーノ P106
P48 ウッセアウズ
トリノ Torino
P91 カステルポンツォーネ
ポラーナ P107
P174 フォンタネッラート
Alessandria
P52 ヴォルペード
フォルトゥナーゴ P94
P117 ザヴァッタレッロ
オスターナ P50
キアナーレ P38
ネイヴェ P40
Acqui Terme
Parma
P158 ボッビオ
P164 カステラルクアート
P51 モンバルドーネ
P176 ヴィゴレーノ
P62 カンポ・リグレ
ジェノヴァ Genova
コンピアーノ P165
ミッレージモ P79
Savona
P63 カステルヴェッキオ・ディ・ロッカ・バルベーナ
ヴァレーゼ・リグレ P70
P39 ガレッシオ
ノーリ P80
フィナルボルゴ P68
P76 モネッリア
ブルニャート P60
P64 コレッタ・ディ・カステルビアンコ
ヴェレッツィ P61
P71 ズッカレッロ
P82 ヴェルナッツァ
Albenga
La Spézia
P81 トリオーラ
ライグエッリア P69
P72 テッラーロ
P86 モンテマルチェッロ
P56 アプリカーレ
チェルボ P66
リングエリエッタ P78
San Remo
0
100km
Livorno

D
E
F
P130 ヴィピテーノ
オーストリア
グロレンツァ P124
P120 キウザ
Bolzano
フリウリ・ヴェネツィア・ジューリア州
トレンティーノ・アルト・アディジェ州
ボッファーブロ P156
トッポ P151
メッツァーノ P129
ファガニャ P145
サン・ロレンツォ・イン・バナーレ P128
Udine
スロヴェニア
ランゴ P126
ポルチェニーゴ P152
ヴァルヴァゾーネ P148
カナーレ・ディ・テンノ P125
チソン・ディ・ヴァルマリーノ P142
Gorizia
グラディスカ・ディゾンツォ P146
P134 ポルトブッフォレ
トレモジーネ・スル・ガルダ P112
アゾロ P132
クラウイアーノ P150
ヴェネト州
コルドヴァード P144
セスト・アル・ラゲーナ P154
カステッラーロ・ラグゼッロ P90
ヴェネツィア
Vénézia
Verona
Padova
ボルゲット P140
アルクア・ペトラルカ P135
クロアチア
Legnago
モンタニャーナ P136
グラッツィエ P95
サン・ベネデット・ポー P114
ポンポネスコ P118
グアルティエーリ P160
サッビオネータ P102
Ferrara
エミリア・ロマーニャ州
Modena
ボローニャ
Bologna
Ravenna
アドリア海
ドッツァ P170
フィウマルボ P166
ブリシゲッラ P172
Rimini
サンマリノ
San Marino
サン・ジョヴァンニ・イン・マリニャーノ P168
P169 サン・レオ
Pesaro
モンテグリドルフォ P177
トスカーナ州
フィレンツェ
Firenze
Pisa
モンテフィオーレ・コンカ P178
アンコーナ
Ancona
マルケ州

A
B
C
1
2
3
4
Modena
リグーリア州
エミリア・ロマーニャ州
ジェノヴァ
Genova
ボローニャ
Bologna
Ravenna
P190 カスティリオーネ・ディ・ガルファーニャーナ
La Spézia
P186 バルガ
P192 コレッリア・アンテルミネッリ
P182 スカルペリア, サン・ピエロ
サンマリノ
San Marino
Pisa
フィレンツェ
Firenze
P200 ポッピ
P242 フロンティーノ
P184 カステルフランコ・ピアンディスコ
P203 ローロ・チュッフェンナ
Livorno
リグーリア海
P180 アンギアーリ
トスカーナ州
P253 チテルナ
Arezzo
P193 モンテスクダイオ
P256 モントーネ
Siena
P269 トルジャーノ
ウンブリア州
P274 サンタントニオ
P252 コルチャーノ
P185 ブオンコンヴェント
P204 スヴェレート
P248 カスティリオーネ・デル・ラーゴ
ペルージャ
P273 パチャーノ
Perugia
P272 パニカーレ
Piombino
P208 チェトーナ
P250 デルータ
P247 ベットーナ
P183 サン・カシャーノ・デイ・バーニ
P266 モンテ・カステッロ・ディ・ヴィビオ
Grosseto
P287 トッレ・アルフィーナ
P202 ソヴァーナ
P255 マッサ・マルターナ
P194 ピティリアーノ
P282 チヴィタ・ディ・バンニョレジョ
フランス
P276 ジョーヴェ
Orbetello
Viterbo
P198 ジッリオ・カステッロ
P254 ルニャーノ・イン・テヴェリーナ
P206 ポルト・エルコレ
P278 カプラローラ
P260 サン・ジェミニ
Civitavecchia
ラツィオ州
ローマ
Roma
Acilia
ティレニア海
地中海
サルデーニャ州
0
100km

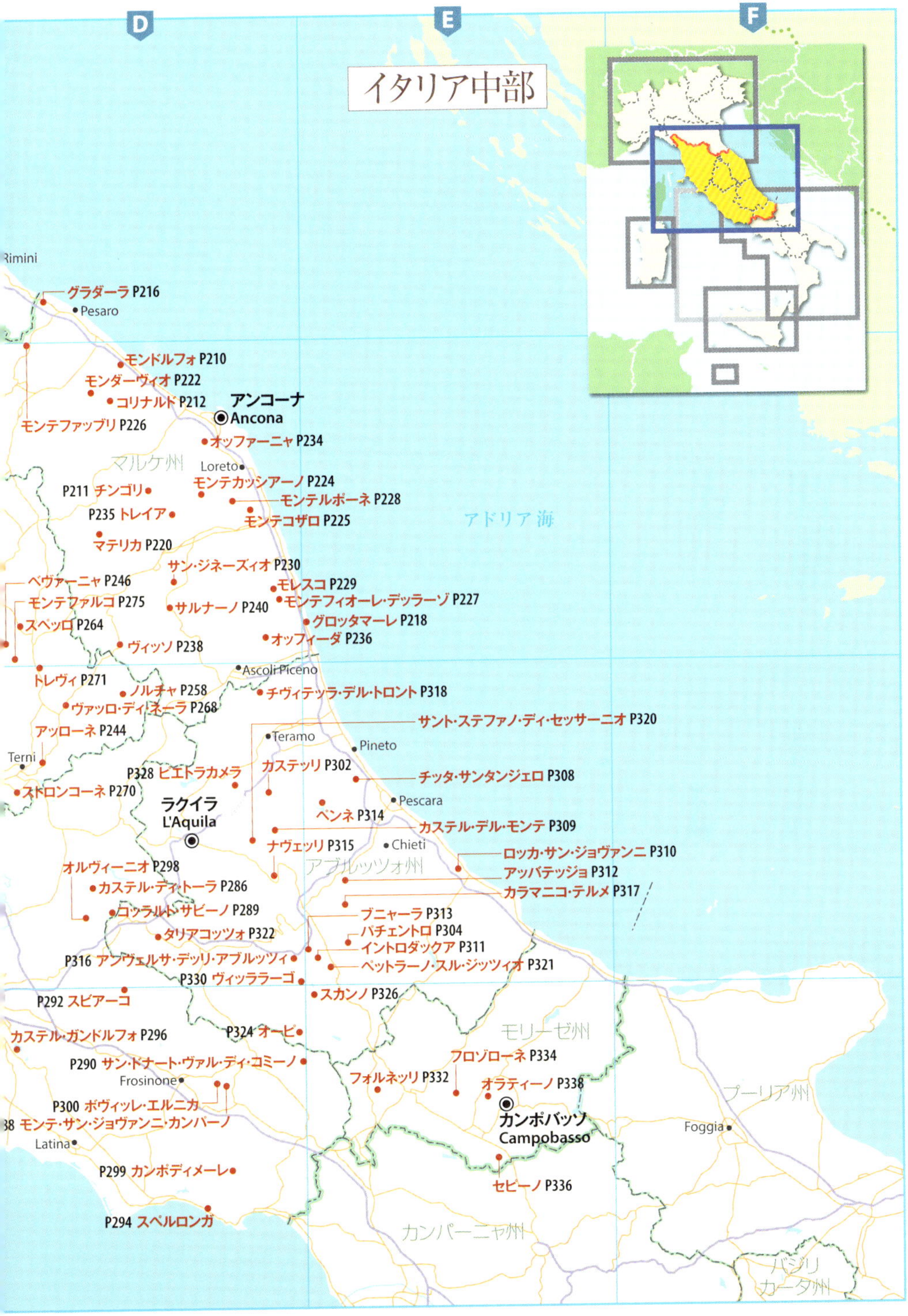
D
E
F
イタリア中部
Rimini
グラダーラ P216
Pesaro
モンドルフォ P210
モンダーヴィオ P222
コリナルド P212
アンコーナ
Ancona
モンテファッブリ P226
オッファーニャ P234
マルケ州
Loreto
P211 チンゴリ
モンテカッシアーノ P224
モンテルポーネ P228
P235 トレイア
モンテコザロ P225
アドリア海
マテリカ P220
サン・ジネーズィオ P230
ベヴァーニャ P246
モレスコ P229
モンテファルコ P275
サルナーノ P240
モンテフィオーレ・デッラーゾ P227
スペッロ P264
グロッタマーレ P218
ヴィッソ P238
オッフィーダ P236
Ascoli Piceno
トレヴィ P271
ノルチャ P258
チヴィテッラ・デル・トロント P318
ヴァッロ・ディ・ネーラ P268
サント・ステファノ・ディ・セッサーニオ P320
アッローネ P244
Teramo
Pineto
Terni
カステッリ P302
P328 ピエトラカメラ
チッタ・サンタンジェロ P308
ストロンコーネ P270
Pescara
ラクイラ
L'Aquila
ペンネ P314
カステル・デル・モンテ P309
ナヴェッリ P315
Chieti
ロッカ・サン・ジョヴァンニ P310
オルヴィーニオ P298
アブルッツォ州
アッバテッジョ P312
カステル・ディ・トーラ P286
カラマニコ・テルメ P317
コッラルト・サビーノ P289
ブニャーラ P313
パチェントロ P304
タリアコッツォ P322
イントロダックア P311
P316 アンヴェルサ・デッリ・アブルッツィ
ペットラーノ・スル・ジッツィオ P321
P330 ヴィッララーゴ
スカンノ P326
P292 スビアーコ
モリーゼ州
P324 オーピ
カステル・ガンドルフォ P296
フロゾローネ P334
P290 サン・ドナート・ヴァル・ディ・コミーノ
フォルネッリ P332
Frosinone
オラティーノ P338
P300 ボヴィッレ・エルニカ
カンポバッソ
Campobasso
プーリア州
モンテ・サン・ジョヴァンニ・カンパーノ
Foggia
Latina
P299 カンポディメーレ
セピーノ P336
P294 スペルロンガ
カンパーニャ州
バジリカータ州

A
B
C
1
2
3
4
La Maddalena
ラクイラ
L'Aquila
Chieti
P428 カステルサルド
Tèmpio Pausània
Ólbia
アブルッツォ州
ローマ
Roma
Sassari
Alghero
ラツィオ州
Frosinone
モリーゼ州
サルデーニャ州
カンポバッソ
Campobasso
P432 ボーザ
Macomèr
Nuoro
Latina
カンパーニャ州
P434 アトザーラ
P348 サンタガタ・デ・ゴーティ
Oristano
ナポリ
Napoli
Ischia
Villacidro
P346 フローレ
P345 コンカ・デイ・マリーニ
P340 アトラーニ
Sestu
Carbonia
カリアリ
Cagliari
カルロフォルテ P435
ティレニア海
ティレニア海
パレルモ
Palermo
Barcellona Pozzo di Gotto
Messina
Trapani
P416 サン・マルコ・ダルンツィオ
P408 チェファル
ノヴァーラ・ディ・シチリア P414
P422 モンタルバーノ・エリコーナ
P406 カスティリオーネ・ディ・シチリア
サヴォカ P424
P420 ジェラーチ・シクロ
カステルモーラ P421
Marsala
P412 ガンジ
スペルリンガ P418
シチリア州
サンブーカ・ディ・シチリア P425
Acireale
ステーラ P426
Sciacca
Caltanissetta
カターニア
Catania
シチリア島
Sicilia
Agrigento
地中海
モンテロッソ・アルモ P423
Siracusa
Gela
Ragusa
Mòdica

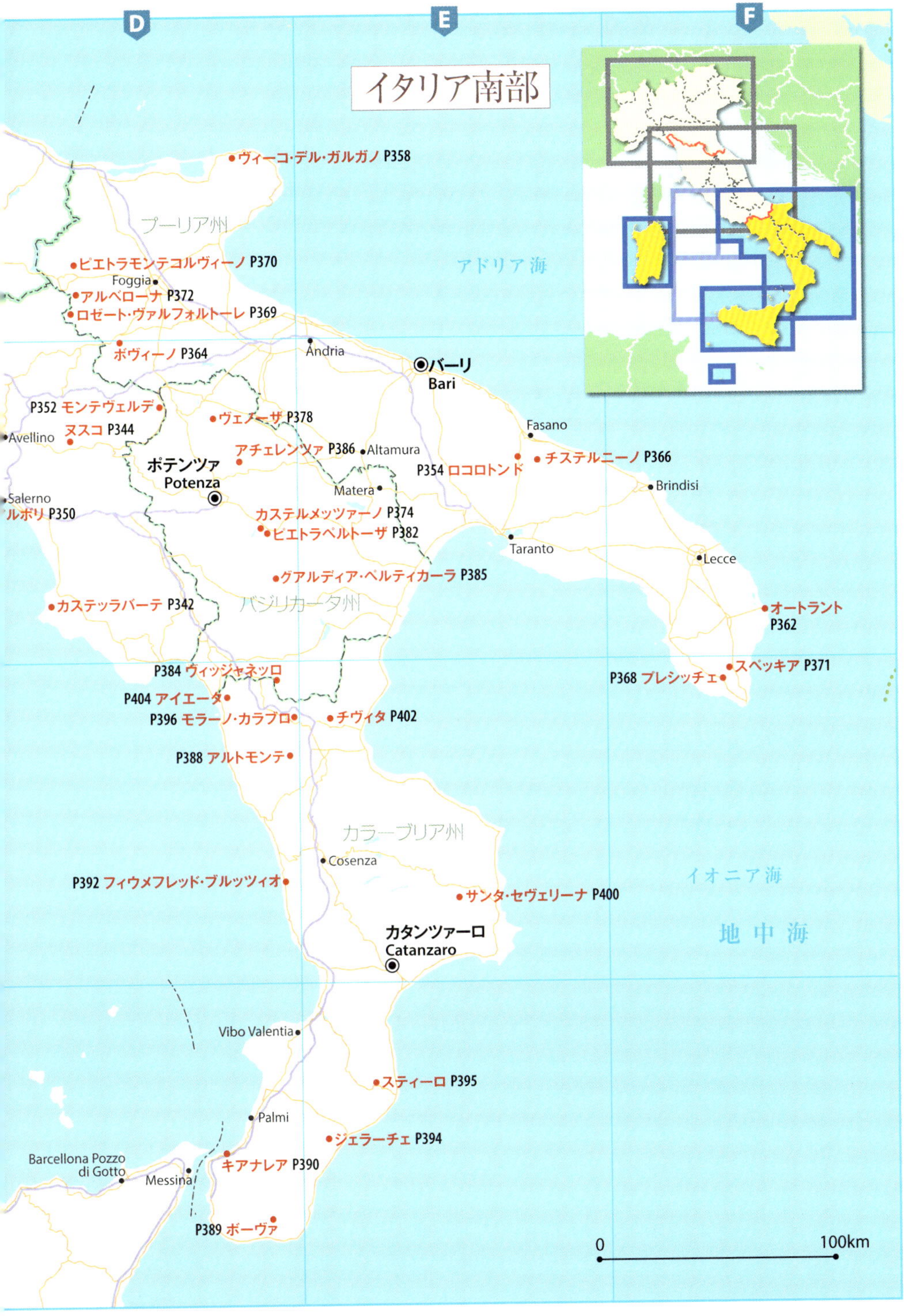

D
E
F
イタリア南部
ヴィーコ・デル・ガルガノ P358
プーリア州
ピエトラモンテコルヴィーノ P370
Foggia
アルベローナ P372
ロゼート・ヴァルフォルトーレ P369
アドリア海
ボヴィーノ P364
Andria
バーリ
Bari
P352 モンテヴェルデ
ヴェノーサ P378
ヌスコ P344
Avellino
Fasano
アチェレンツァ P386
Altamura
チステルニーノ P366
ポテンツァ
Potenza
P354 ロコロトンド
Matera
Brindisi
Salerno
ルポリ P350
カステルメッツァーノ P374
ピエトラペルトーサ P382
Taranto
Lecce
グアルディア・ペルティカーラ P385
カステッラバーテ P342
バジリカータ州
オートラント
P362
P384 ヴィッジャネッロ
スペッキア P371
P368 プレシッチェ
P404 アイエータ
P396 モラーノ・カラブロ
チヴィタ P402
P388 アルトモンテ
カラーブリア州
Cosenza
イオニア海
P392 フィウメフレッド・ブルッツィオ
サンタ・セヴェリーナ P400
カタンツァーロ
Catanzaro
地中海
Vibo Valentia
スティーロ P395
Palmi
ジェラーチェ P394
Barcellona Pozzo
di Gotto
キアナレア P390
Messina
P389 ボーヴァ
0
100km

	村名		州名	ページ
A	Abbateggio	アッバテッジョ	アブルッツォ州	312
	Acerenza	アチェレンツァ	バジリカータ州	386
	Aieta	アイエータ	カラーブリア州	404
	Alberona	アルベローナ	プーリア州	372
	Àlbori	アルボリ	カンパーニャ州	350
	Altomonte	アルトモンテ	カラーブリア州	388
	Anghiari	アンギアーリ	トスカーナ州	180
	Anversa degli Abruzzi	アンヴェルサ・デッリ・アブルッツィ	アブルッツォ州	316
	Apricale	アプリカーレ	リグーリア州	56
	Arquà Petrarca	アルクア・ペトラルカ	ヴェネト州	135
	Arrone	アッローネ	ウンブリア州	244
	Asolo	アゾロ	ヴェネト州	132
	Atrani	アトラーニ	カンパーニャ州	340
	Atzara	アトザーラ	サルデーニャ州	434
B	Barga	バルガ	トスカーナ州	186
	Bettona	ベットーナ	ウンブリア州	247
	Bevagna	ベヴァーニャ	ウンブリア州	246
	Bienno	ビエンノ	ロンバルディア州	88
	Bobbio	ボッビオ	エミリア・ロマーニャ州	158
	Borghetto	ボルゲット	ヴェネト州	140
	Bosa	ボーザ	サルデーニャ州	432
	Bova	ボーヴァ	カラーブリア州	389
	Boville Ernica	ボヴィッレ・エルニカ	ラツィオ州	300
	Bovino	ボヴィーノ	プーリア州	364
	Brisighella	ブリシゲッラ	エミリア・ロマーニャ州	172
	Brugnato	ブルニャート	リグーリア州	60
	Bugnara	ブニャーラ	アブルッツォ州	313
	Buonconvento	ブオンコンヴェント	トスカーナ州	185
C	Campo Ligure	カンポ・リグレ	リグーリア州	62
	Campodimele	カンポディメーレ	ラツィオ州	299
	Canale di Tenno	カナーレ・ディ・テンノ	トレンティーノ・アルト・アディジェ州	125
	Caprarola	カプラローラ	ラツィオ州	278
	Caramanico Terme	カラマニコ・テルメ	アブルッツォ州	317
	Carloforte	カルロフォルテ	サルデーニャ州	435
	Cassinetta di Lugagnano	カッシネッタ・ディ・ルガニャーノ	ロンバルディア州	116
	Castel del Monte	カステル・デル・モンテ	アブルッツォ州	309
	Castel di Tora	カステル・ディ・トーラ	ラツィオ州	286
	Castel Gandolfo	カステル・ガンドルフォ	ラツィオ州	296
	Castelfranco Piandiscò	カステルフランコ・ピアンディスコ	トスカーナ州	184
	Castellabate	カステッラバーテ	カンパーニャ州	342
	Castellaro Lagusello	カステッラーロ・ラグゼッロ	ロンバルディア州	90
	Castell'Arquato	カステラルクアート	エミリア・ロマーニャ州	164
	Castelli	カステッリ	アブルッツォ州	302
	Castelmezzano	カステルメッツァーノ	バジリカータ州	374
	Castelmola	カステルモーラ	シチリア州	421
	Castelponzone	カステルポンツォーネ	ロンバルディア州	91
	Castelsardo	カステルサルド	サルデーニャ州	428
	Castelvecchio di Rocca Barbena	カステルヴェッキオ・ディ・ロッカ・バルベーナ	リグーリア州	63
	Castiglione del Lago	カスティリオーネ・デル・ラーゴ	ウンブリア州	248
	Castiglione di Garfagnana	カスティリオーネ・ディ・ガルファーニャーナ	トスカーナ州	190
	Castiglione di Sicilia	カスティリオーネ・ディ・シチリア	シチリア州	406
	Cefalù	チェファル	シチリア州	408
	Cervo	チェルボ	リグーリア州	66
	Cetona	チェトーナ	トスカーナ州	208
	Chianale	キアナーレ	ピエモンテ州	38
	Chianalea	キアナレア	カラーブリア州	390
	Chiusa	キウザ	トレンティーノ・アルト・アディジェ州	120
	Cingoli	チンゴリ	マルケ州	211
	Cison di Valmarino	チソン・ディ・ヴァルマリーノ	ヴェネト州	142

	村名		州名	ページ
	Cisternino	チステルニーノ	プーリア州	366
	Citerna	チテルナ	ウンブリア州	253
	Città Sant'Angelo	チッタ・サンタンジェロ	アブルッツォ州	308
	Civita	チヴィタ	カラーブリア州	402
	Civita di Bagnoregio	チヴィタ・ディ・バンニョレジョ	ラツィオ州	282
	Civitella del Tronto	チヴィテッラ・デル・トロント	アブルッツォ州	318
	Collalto Sabino	コッラルト・サビーノ	ラツィオ州	289
	Colletta di Castelbianco	コレッタ・ディ・カステルビアンコ	リグーリア州	64
	Compiano	コンピアーノ	エミリア・ロマーニャ州	165
	Conca dei Marini	コンカ・デイ・マリーニ	カンパーニャ州	345
	Corciano	コルチャーノ	ウンブリア州	252
	Cordovado	コルドヴァード	フリウリ・ヴェネツィア・ジューリア州	144
	Coreglia Antelminelli	コレッリア・アンテルミネッリ	トスカーナ州	192
	Corinaldo	コリナルド	マルケ州	212
	Cornello dei Tasso	コルネッロ・デイ・タッソ	ロンバルディア州	92
	Curiglia con Monteviasco	クリッリア・コン・モンテヴィアスコ	ロンバルディア州	108
	Curtatone Borgo di Grazie	グラッツィエ	ロンバルディア州	95
D	Deruta	デルータ	ウンブリア州	250
	Dozza	ドッツァ	エミリア・ロマーニャ州	170
E	Etroubles	エトローブル	ヴァッレ・ダオスタ州	32
F	Fagagna	ファガニャ	フリウリ・ヴェネツィア・ジューリア州	145
	Finalborgo	フィナルボルゴ	リグーリア州	68
	Fiumalbo	フィウマルボ	エミリア・ロマーニャ州	166
	Fiumefreddo Bruzio	フィウメフレッド・ブルッツィオ	カラーブリア州	392
	Fontanellato	フォンタネッラート	エミリア・ロマーニャ州	174
	Fornelli	フォルネッリ	モリーゼ州	332
	Fortunago	フォルトゥナーゴ	ロンバルディア州	94
	Frontino	フロンティーノ	マルケ州	242
	Frosolone	フロゾローネ	モリーゼ州	334
	Furore	フローレ	カンパーニャ州	346
G	Gangi	ガンジ	シチリア州	412
	Garessio	ガレッシオ	ピエモンテ州	39
	Gerace	ジェラーチェ	カラーブリア州	394
	Geraci Siculo	ジェラーチ・シクロ	シチリア州	420
	Giglio Castello	ジッリオ・カステッロ	トスカーナ州	198
	Giove	ジョーヴェ	ウンブリア州	276
	Glorenza	グロレンツァ	トレンティーノ・アルト・アディジェ州	124
	Gradara	グラダーラ	マルケ州	216
	Gradella	グラデッラ	ロンバルディア州	96
	Gradisca d'Isonzo	グラディスカ・ディソンツォ	フリウリ・ヴェネツィア・ジューリア州	146
	Gromo	グローモ	ロンバルディア州	97
	Grottammare	グロッタマーレ	マルケ州	218
	Gualtieri	グアルティエーリ	エミリア・ロマーニャ州	160
	Guardia Perticara	グアルディア・ペルティカーラ	バジリカータ州	385
I	Introdacqua	イントロダックア	アブルッツォ州	311
L	Laigueglia	ライグエッリア	リグーリア州	69
	Lingueglietta	リングエリエッタ	リグーリア州	78
	Locorotondo	ロコロトンド	プーリア州	354
	Loro Ciuffenna	ローロ・チュッフェンナ	トスカーナ州	203
	Lovere	ロヴェレ	ロンバルディア州	100
	Lugnano in Teverina	ルニャーノ・イン・テヴェリーナ	ウンブリア州	254
M	Massa Martana	マッサ・マルターナ	ウンブリア州	255
	Matelica	マテリカ	マルケ州	220
	Mezzano	メッツァーノ	トレンティーノ・アルト・アディジェ州	129
	Millesimo	ミッレージモ	リグーリア州	79
	Mombaldone	モンバルドーネ	ピエモンテ州	51
	Mondavio	モンダーヴィオ	マルケ州	222
	Mondolfo	モンドルフォ	マルケ州	210
	Moneglia	モネッリア	リグーリア州	76

	村名		州名	ページ
	Montagnana	モンタニャーナ	ヴェネト州	136
	Montalbano Elicona	モンタルバーノ・エリコーナ	シチリア州	422
	Monte Castello di Vibio	モンテ・カステッロ・ディ・ヴィビオ	ウンブリア州	266
	Monte Isola	モンテ・イゾラ	ロンバルディア州	98
	Monte San Giovanni Campano	モンテ・サン・ジョヴァンニ・カンパーノ	ラツィオ州	288
	Montecassiano	モンテカッシアーノ	マルケ州	224
	Montecosaro	モンテコザロ	マルケ州	225
	Montefabbri	モンテファッブリ	マルケ州	226
	Montefalco	モンテファルコ	ウンブリア州	275
	Montefiore Conca	モンテフィオーレ・コンカ	エミリア・ロマーニャ州	178
	Montefiore dell'Aso	モンテフィオーレ・デッラーゾ	マルケ州	227
	Montegridolfo	モンテグリドルフォ	エミリア・ロマーニャ州	177
	Montelupone	モンテルポーネ	マルケ州	228
	Montemarcello	モンテマルチェッロ	リグーリア州	86
	Monterosso Almo	モンテロッソ・アルモ	シチリア州	423
	Montescudaio	モンテスクダイオ	トスカーナ州	193
	Monteverde	モンテヴェルデ	カンパーニャ州	352
	Montone	モントーネ	ウンブリア州	256
	Morano Calabro	モラーノ・カラブロ	カラーブリア州	396
	Moresco	モレスコ	マルケ州	229
	Morimondo	モリモンド	ロンバルディア州	101
N	Navelli	ナヴェッリ	アブルッツォ州	315
	Neive	ネイヴェ	ピエモンテ州	40
	Noli	ノーリ	リグーリア州	80
	Norcia	ノルチャ	ウンブリア州	258
	Novara di Sicilia	ノヴァーラ・ディ・シチリア	シチリア州	414
	Nusco	ヌスコ	カンパーニャ州	344
O	Offagna	オッファーニャ	マルケ州	234
	Offida	オッフィーダ	マルケ州	236
	Opi	オーピ	アブルッツォ州	324
	Oratino	オラティーノ	モリーゼ州	338
	Orta San Giulio	オルタ・サン・ジュリオ	ピエモンテ州	42
	Orvinio	オルヴィーニオ	ラツィオ州	298
	Ostana	オスターナ	ピエモンテ州	50
	Otranto	オートラント	プーリア州	362
P	Pacentro	パチェントロ	アブルッツォ州	304
	Paciano	パチャーノ	ウンブリア州	273
	Panicale	パニカーレ	ウンブリア州	272
	Penne	ペンネ	アブルッツォ州	314
	Pettorano sul Gizio	ペットラーノ・スル・ジッツィオ	アブルッツォ州	321
	Pietracamela	ピエトラカメラ	アブルッツォ州	328
	Pietramontecorvino	ピエトラモンテコルヴィーノ	プーリア州	370
	Pietrapertosa	ピエトラペルトーザ	バジリカータ州	382
	Pitigliano	ピティリアーノ	トスカーナ州	194
	Poffabro	ポッファーブロ	フリウリ・ヴェネツィア・ジューリア州	156
	Polcenigo	ポルチェニーゴ	フリウリ・ヴェネツィア・ジューリア州	152
	Pomponesco	ポンポネスコ	ロンバルディア州	118
	Poppi	ポッピ	トスカーナ州	200
	Porana	ポラーナ	ロンバルディア州	107
	Porto Ercole	ポルト・エルコレ	トスカーナ州	206
	Portobuffolè	ポルトブッフォレ	ヴェネト州	134
	Presicce	プレシッチェ	プーリア州	368
R	Rango	ランゴ	トレンティーノ・アルト・アディジェ州	126
	Ricetto di Candelo	リチェット・ディ・カンデーロ	ピエモンテ州	46
	Rocca San Giovanni	ロッカ・サン・ジョヴァンニ	アブルッツォ州	310
	Roseto Valfortore	ロゼート・ヴァルフォルトーレ	プーリア州	369
S	Sabbioneta	サッビオネータ	ロンバルディア州	102
	Sambuca di Sicilia	サンブーカ・ディ・シチリア	シチリア州	425
	San Benedetto Po	サン・ベネデット・ポー	ロンバルディア州	114

	村名		州名	ページ
	San Casciano dei Bagni	サン・カシャーノ・デイ・バーニ	トスカーナ州	183
	San Donato Val di Comino	サン・ドナート・ヴァル・ディ・コミーノ	ラツィオ州	290
	San Gemini	サン・ジェミニ	ウンブリア州	260
	San Gincsio	サン・ジネーズィオ	マルケ州	230
	San Giovanni in Marignano	サン・ジョヴァンニ・イン・マリニャーノ	エミリア・ロマーニャ州	168
	San Leo	サン・レオ	エミリア・ロマーニャ州	169
	San Lorenzo in Banale	サン・ロレンツォ・イン・バナーレ	トレンティーノ・アルト・アディジェ州	128
	San Marco d'Alunzio	サン・マルコ・ダルンツィオ	シチリア州	416
	Sant'Agata de' Goti	サンタガタ・デ・ゴーティ	カンパーニャ州	348
	Sant'Antonio	サンタントニオ	ウンブリア州	274
	Santa Severina	サンタ・セヴェリーナ	カラーブリア州	400
	S. Stefano di Sessanio	サント・ステファノ・ディ・セッサーニオ	アブルッツォ州	320
	Sarnano	サルナーノ	マルケ州	240
	Savoca	サヴォカ	シチリア州	424
	Scanno	スカンノ	アブルッツォ州	326
	Scarperia e San Piero	スカルペリア，サン・ピエトロ	トスカーナ州	182
	Sepino	セピーノ	モリーゼ州	336
	Sesto al Reghena	セスト・アル・ラゲーナ	フリウリ・ヴェネツィア・ジューリア州	154
	Soncino	ソンチーノ	ロンバルディア州	106
	Sovana	ソヴァーナ	トスカーナ州	202
	Specchia	スペッキア	プーリア州	371
	Spello	スペッロ	ウンブリア州	264
	Sperlinga	スペルリンガ	シチリア州	418
	Sperlonga	スペルロンガ	ラツィオ州	294
	Stilo	スティーロ	カラーブリア州	395
	Sutera	ステーラ	シチリア州	426
	Stroncone	ストロンコーネ	ウンブリア州	270
	Subiaco	スビアーコ	ラツィオ州	292
	Suvereto	スヴェレート	トスカーナ州	204
	Tagliacozzo	タリアコッツォ	アブルッツォ州	322
	Tellaro	テッラーロ	リグーリア州	72
	Torgiano	トルジャーノ	ウンブリア州	269
	Torre Alfina	トッレ・アルフィーナ	ラツィオ州	287
	Travesio Borgo di Toppo	トッポ	フリウリ・ヴェネツィア・ジューリア州	151
T	Treia	トレイア	マルケ州	235
	Tremezzo	トレメッツォ	ロンバルディア州	110
	Tremosine sul Garda	トレモジーネ・スル・ガルダ	ロンバルディア州	112
	Trevi	トレヴィ	ウンブリア州	271
	Triora	トリオーラ	リグーリア州	81
	Trivignano Udinese Borgo di Clauiano	クラウイアーノ	フリウリ・ヴェネツィア・ジューリア州	150
U	Usseaux	ウッセアウズ	ピエモンテ州	48
	Vallo di Nera	ヴァッロ・ディ・ネーラ	ウンブリア州	268
	Valvasone	ヴァルヴァゾーネ	フリウリ・ヴェネツィア・ジューリア州	148
	Varese Ligure	ヴァレーゼ・リグレ	リグーリア州	70
	Venosa	ヴェノーザ	バジリカータ州	378
	Verezzi	ヴェレッツィ	リグーリア州	61
	Vernazza	ヴェルナッツァ	リグーリア州	82
	Vico del Gargano	ヴィーコ・デル・ガルガノ	プーリア州	358
V	Viggianello	ヴィッジャネッロ	バジリカータ州	384
	Vigoleno	ヴィゴレーノ	エミリア・ロマーニャ州	176
	Villalago	ヴィッララーゴ	アブルッツォ州	330
	Vipiteno	ヴィピテーノ	トレンティーノ・アルト・アディジェ州	130
	Visso	ヴィッソ	マルケ州	238
	Vogogna	ヴォゴーニャ	ピエモンテ州	54
	Volpedo	ヴォルペード	ピエモンテ州	52
Z	Zavattarello	ザヴァッタレッロ	ロンバルディア州	117
	Zuccarello	ズッカレッロ	リグーリア州	71

著者近影／齋藤康一

吉村和敏 *Kazutoshi Yoshimura*

1967 年、長野県松本市で生まれる。県立田川高校卒業後、東京の印刷会社で働く。退社後、１年間のカナダ暮らしをきっかけに写真家としてデビューする。以後、東京を拠点に世界各国、国内各地を巡る旅を続けながら、意欲的な撮影活動を行っている。自ら決めたテーマを長い年月を費やしながら、丹念に取材し、作品集として発表する。光・影・風を繊細にとらえた叙情的な風景写真、人の感情や息づかいが伝わってくるような人物写真は人気が高く、定期的に全国各地で開催している個展は、年々来場者が増え続けている。2003年カナダメディア賞大賞受賞、2007年日本写真協会賞新人賞受賞。
本書は、2009年に出版され大きな反響を呼んだ『「フランスの美しい村」全踏破の旅』(講談社)に次ぐ「最も美しい村」シリーズの第２作目。2010年から5年余の単独取材によって、「イタリアの最も美しい村」全234 村を撮影したものである。
https://kaz-yoshimura.com/
office-mail@kaz-yoshimura.com

主な作品集に、『プリンス・エドワード島』『吉村和敏 PHOTO BOX プリンス・エドワード島 七つの物語』(講談社)、『あさ/朝』『ゆう / 夕』(アリス館)、『ローレンシャンの秋』(アップフロントブックス)、『林檎の里の物語』(主婦と生活社)、『BLUE MOMENT』『MAGIC HOUR』(小学館)、『PASTORAL』(日本カメラ社)、『Sense of Japan』『カスタム・ドクター』(Nostro bosco)、『Shinshu』(信濃毎日新聞社)、『LIGHT ON EARTH』『RESPECT』(丸善出版)などがある。

「イタリアの最《もっと》も美《うつく》しい村《むら》」全踏破《ぜんとうは》の旅《たび》

2015年 3月19日　第１刷発行
2024年 5月20日　第４刷発行

著　者 ―――― 吉村和敏《よしむらかずとし》
発行者 ―――― 森田浩章
発行所 ―――― 株式会社　講談社
〒112-8001　東京都文京区音羽2-12-21
電話　編集　03-5395-3560
販売　03-5395-4415
業務　03-5395-3615
印刷所 ―――― 株式会社東京印書館
製本所 ―――― 大口製本印刷株式会社

ブックデザイン ―――― 椎名麻美
プリンティング・ディレクター ―――― 高栁昇
地図製作 ―――― ジェイ・マップ
解説文作成 ―――― 長谷川恵美
編集協力 ―――― 長谷川恵美
「イタリアの最も美しい村」協会
「日本で最も美しい村」連合

ISBN 978-4-06-219215-6